HERBERT ZIEGLER UND
ELMAR R. GRUBER

DAS UR-EVANGELIUM

Herbert Ziegler und
Elmar R. Gruber

DAS UR-EVANGELIUM

Was Jesus wirklich sagte

Die Entdeckung und Neuübersetzung
der authentischen Worte Jesu

LANGEN MÜLLER

Gedruckt auf chlorfrei gebleichtem Papier

© 1999 Langen Müller
in der F.A. Herbig Verlagsbuchhandlung GmbH, München
Alle Rechte vorbehalten
Umschlagentwurf: Wolfgang Heinzel
Umschlagbild: Archiv für Kunst und Geschichte, Berlin
Satz: Schaber Satz- und Datentechnik, Wels
Gesetzt aus der 11,2/14,6 Punkt Stempel Garamond
auf Macintosh in QuarkXPress
Druck: Jos. C. Huber, Dießen
Binden: R. Oldenbourg, München
Printed in Germany
ISBN 3-7844-2747-2

Inhalt

Vorwort 11

ERSTER TEIL
Die Entschlüsselung des Ur-Evangeliums
Vom kritischen Umgang mit heiligen Schriften
von ELMAR R. GRUBER _____ 19

A **Auf der Suche nach dem historischen Jesus** 21
   Beklagenswerte Quellenlage 21
   Die Anfänge der kritischen Bibelwissenschaft 26
   Fortschritte und Krisen der Leben-Jesu-
   Forschung 32

B **Wie die Evangelien entstanden** 40
   Paulus und die Jesus-Tradition 40
   Die Stunde der Propheten 47
   Mündliche Überlieferung und erste
   Aufzeichnungen 51
   Die Schriften finden zueinander –
   die Geburt des Kanons 56
   Jahrhunderte Uneinigkeit um die »heiligen
   Schriften« 61

**C Ein neuer Jesus –
der Schrecken der Fundamentalisten** 66

Das verlorene Spruchevangelium
kommt zum Vorschein 66
Der wahre Jesus tritt in Erscheinung 74
Ergebnisse des »Jesus-Seminars« 82
Das Problem des historischen Jesus 83
Angaben zur Chronologie 83
Redaktionsgeschichte der Evangelien 84
Das Alter der schriftlichen Versionen der Evangelien 85
Unabhängige Quellen 85
Einschätzung der schriftlichen Quellen 85
*Die ältesten heute noch erhaltenen Manuskripte
der Evangelien* 86
*Stufen in der Entwicklung der frühen
christlichen Tradition* 86

D Der Jesus des Ur-Evangeliums 89

Der »weise Mann des Verstehens« 94
Ein angriffslustiger und ausgefallener Redner 100
Von der Anwesenheit des Gottesreiches 104

ZWEITER TEIL

Was Jesus wirklich sagte
Die Entdeckung und Neuübersetzung
der authentischen Worte Jesu
von HERBERT ZIEGLER _____ 111

A Einführung 113
   Rückfrage nach Jesus   113
   Die wissenschaftliche Suche nach dem
   Wahrheitsgehalt der überlieferten Evangelientexte   115
   Das geistige Vor- und Umfeld zum
   Evangelium Jesu   123
   Gott – die menschliche Liebe, aber
   die Liebe eines unergründlichen Gottes   124
   Die redaktionelle Gestalt des Übersetzungstextes   125

B Das Ur-Evangelium – der Text 127

I *Aufbruch* 127
  1 Die Schreckenspredigt des Johannes   127
  2 Die Frohbotschaft Jesu   128
  3 Erste Schüler   128

II *In Galiläa* 129
   Die Bergpredigt   129
  4 Freut euch!   129
  5 Neues Ethos   129
  6 Habt Vertrauen!   131
  7 Vergebt, dann erst betet!   132
  8 Schaut unvoreingenommen in die Welt!   132
  9 Verurteilt nicht!   133

10	Entweder Gott oder Geld	133
11	Hört auf mich!	134

Aus verschiedenen Predigten 135

12	Zeitenwende	135
13	Gott ist euer Vater, und ihr alle seid Geschwister!	136
14	Einzelsätze	136

Gleichnisse und Parabeln 137

15	Mischt nicht Neu und Alt!	137
16	Die Lampe	137
17	Der Sämann	138
18	Das Saatkorn	138
19	Das Senfkorn	139
20	Der Weizen und das Unkraut	139
21	Das Fischnetz	139
22	Der Sauerteig	140
23	Die verlorene Drachme	140
24	Das verirrte Schaf	140
25	Der verlorene Sohn	141
26	Der verschuldete Diener	143
27	Das verschmähte Gastmahl	144
28	Der Sohn des Weinbergbesitzers	145
29	Die Arbeiter im Weinberg	146
30	Die wagemutigen und der ängstliche Diener	147
31	Der verborgene Schatz	149
32	Die kostbare Perle	149
33	Zweierlei Söhne	149
34	Die klugen und die törichten Brautjungfern	150
35	Der Freund	151
36	Der Richter und die Witwe	151
37	Der schlaue Verwalter	152
38	Der barmherzige Samariter	153
39	Der Pharisäer und der Zöllner	154

Von einem Ort zum andern 154

40	In Kafarnaum	154
41	Bestellung der Zwölf	155
42	Unermüdlich unterwegs	156
43	Wiedersehen mit Nazaret	156
44	Ein römischer Hauptmann	157

45	Mit übel beleumundeten Leuten zu Tisch	158
46	Fasten?	158
47	Jesu Schüler verletzen den Sabbat	159
48	Jesus heilt am Sabbat	159
49	Scheidung der Geister	160
50	Jesus und Johannes der Täufer	161
51	Wenn ihr betet...	162
52	Das Wichtigste: Vertrauen	163
53	Talitha kum	164
54	Hilf mir, daß ich vertraue!	164
55	Vertrauen, das Berge versetzt	166
56	Aussendung der Zwölf	166
57	Der Wille Gottes, nicht »heilige« Überlieferung!	166
58	Was ist unrein?	168
59	Beglaubigungszeichen Gottes?	168
60	Bekenntnis des Petrus	170
61	Der Auslieferung entgegen	170
62	Die Nachfolge Jesu	171
63	Diener aller	172
64	Ehe und Ehelosigkeit	172
65	Wenn ihr nicht werdet wie die Kinder...	173
66	Ein Rivale?	173
67	Das Tor in das Gottesreich	174
68	Kein Zuhause	175
69	Abschied von Galiläa	175
70	Habt keine Angst!	176

III *Unterwegs nach Jerusalem* 177

71	Entschlossen unterwegs	177
72	Aufruf zur Umkehr	177
73	Nochmals der Sabbat	177
74	Marta und Maria	178
75	Beim reichen Zachäus	179
76	Heilung des blinden Bettlers Bartimäus	179
77	Im Anblick Jerusalems	180

IV *In Jerusalem* 181

78	Einzug in die Stadt	181
79	Konfrontation im Tempel	181
80	Die Frage nach der Vollmacht Jesu	182

81 Die Steuerfrage   183
82 Die Frage nach dem ewigen Leben   183
83 Die Frage nach dem größten Gebot im Gesetz   184
84 Die Messiasfrage   185
85 Das Schicksal des Tempels   185
86 Eine Ehebrecherin   186
87 Eine Frau salbt Jesus   187
88 Vorbereitungen zur Verhaftung   187
89 Abschiedsmahl   188

V *Passion* 190

90 Im Landgut Getsemani   190
91 Verhaftung   191
92 Vor dem jüdischen Synedrion   191
93 Verleugnung des Petrus   192
94 Vor dem römischen Präfekten   193
95 Verspottung durch die Soldaten   193
96 Kreuzigung   194

VI *Die letzten Tage Jesu* 196

97 Rettender Eingriff von Josef von Arimatäa und Nikodemus   196
98 Das leere Grab   197
99 Wiedersehen Jesu mit Maria von Magdala   198
100 Wiedersehen Jesu mit seinen Schülern   199
101 Abschied und Tod Jesu   201

VII *Das Pfingstereignis* 202

Anmerkungen   203
Literatur   206

Vorwort

Im Frühjahr 1998 erhielt ich einen Brief aus der Schweiz. Sein Absender, ein gewisser Dr. Herbert Ziegler, hatte das Buch »Das Jesus-Komplott« gelesen, das ich gemeinsam mit meinem Koautor Holger Kersten verfaßt hatte. Ziegler war der Überzeugung, daß wir darin zu Erkenntnissen gelangt seien, die der fehlende Stein im Puzzle seiner eigenen Forschung und Suche waren. Als Autor erhält man reichlich Zuschriften, manche ermüdend, manche hilfreich, manche sogar Wegweiser für neue Gedanken und Forschungsrichtungen. Kersten und ich erhielten viele Zuschriften, ermüdende, hilfreiche und wegweisende. Herbert Ziegler kannte ich nicht, auch nicht sein Buch »Wehe euch, ihr Heuchler«, das 1993, ein Jahr nach unserem »Jesus-Komplott«, veröffentlicht worden war. Dennoch spürte ich aus den wenigen Zeilen des Briefes, hier trägt jemand wichtige Gedanken vor, unaufdringlich und doch durchdrungen von der Gewißheit dessen, der sich einer lebenslangen Aufgabe verschrieben hat.

Zieglers Problem war einfach zu umreißen, gleichwohl schwierig zu lösen. Es ging ihm um nicht mehr oder weniger als um die Aufdeckung der ureigenen Worte Jesu. Er wollte aus der unendlich vielfältigen Substanz neutestamentlicher Texte jene Essenz destillieren, in der uns das Weltbild und die Lehren des authentischen Jesus ungeschminkt entgegentreten sollten. Und um Destillation ging es ihm fürwahr.

Was ich damals noch nicht wußte, Ziegler war Chemiker, der die klare Methodik der Naturwissenschaften auf die religiöse Textkritik anwandte. Man ist versucht zu fragen: Ein Chemiker auf Abwegen? Nichts ist unrichtiger. Richtiger ist vielmehr, daß Ziegler ein Leben lang ein religiöser Sinnsucher auf »Abwegen« in der Naturwissenschaft war.

Ich riet meinem Korrespondenten, weiter an seiner Neuübersetzung der wahren Worte Jesu aus den griechischen Urtexten zu arbeiten und sich nicht zu scheuen, sie auch dort zu suchen und aufzudecken, wo sie nicht Eingang in den Kanon der Evangelien gefunden haben, etwa im apokryphen Thomasevangelium, das ohne Zweifel viele authentische Worte Jesu enthält. Ziegler griff meine Vorschläge auf und ging unermüdlich an die Arbeit.

Es vergingen einige Monate ohne Nachricht aus der Schweiz. Schließlich erhielt ich einen Brief von Herbert Zieglers Tochter mit der Mitteilung, daß ihr Vater im August 1998 verstorben sei. Mein Bedauern war überaus groß. Ich hatte mir einen intensiven Gedankenaustausch mit ihm sehr gewünscht und einer Veröffentlichung seines Werkes mit brennendem Interesse entgegengesehen. Um so versöhnlicher stimmte mich die Tatsache, daß Herbert Ziegler sein großes Ziel erreicht hatte. Kurz vor seinem Tod konnte er die Arbeit an der Neuübersetzung von dem abschließen, was er als das wahre Evangelium Jesu verstand – das Ur-Evangelium. Seinen Kindern trug er als Vermächtnis auf, mir das Manuskript zu übergeben, damit ich es herausgeben möge. Ein Wunsch, dem ich ohne Zögern zu entsprechen versprach. Als ich das Manuskript in Händen hielt, erkannte ich, daß es genau das war, was ich erhofft hatte: die natürliche Fortsetzung der Suche nach dem authentischen Jesus, auf die Holger Kersten und ich mit unseren Büchern »Das

Jesus-Komplott«, »Der Ur-Jesus« und »Jesus starb nicht am Kreuz« aufgebrochen waren.
Jedem Autor, der von sich behauptet, etwas wesentliches Neues über Jesus oder über die Anfänge des Christentums herausgefunden zu haben, wird zunächst mit Skepsis begegnet. So viel ist über dieses Thema seit nahezu zweitausend Jahren geschrieben worden, daß man der Meinung nachhängen könnte, es könne unmöglich noch etwas Neues hinzugefügt werden. Und dennoch, allein die Tatsache, daß alljährlich der Literatur über Jesus und die Ursprünge des Christentums ungezählte weitere Bücher hinzugefügt werden, zeigt, daß unsere Kenntnisse immer noch beschränkt sind, immer noch entscheidend erweitert werden können.
Die größten und sicherlich spannendsten Fortschritte wurden dabei in den letzten Jahren bei der Entschlüsselung der authentischen Worte Jesu gemacht. Das Ergebnis ist erstaunlich: Die Aussagen, die tatsächlich auf Jesus zurückgeführt werden können, lassen sich auf wenigen Seiten zusammenfassen. So gering die Informationen ausfallen, die uns von Jesus direkt erhalten geblieben sind, um so klarer und eindrucksvoller tritt die Botschaft hervor, die darin vermittelt wird. Und Herbert Ziegler hat einen bedeutenden Beitrag dafür geleistet, daß wir heute wieder die wahre Stimme Jesu vernehmen können.
Herbert Ziegler wurde 1916 in Innsbruck geboren. Nach seinem Abitur 1935 entschied er sich, Jesuit zu werden. Sein Philosophiestudium schloß er im Jesuitenkolleg von Jersey ab. Er bemühte sich den Regeln des Ordens nach zu leben, kam jedoch zunehmend mit seiner eigenen Überzeugung von Freiheit und Vertrauen im Glauben in Konflikt. Er erkannte, daß er sein geistiges Freiheitsstreben letztlich nicht

mit dem Jesuitentum in Einklang bringen konnte. Nach fünf Jahren verließ er deshalb in bestem Einvernehmen den Jesuitenorden.
Noch während der Kriegsjahre begann er sein Chemiestudium. Dieser Tätigkeit widmete er sich dann sein ganzes berufliches Leben. Als er 1974 pensioniert wurde, räumte er die Chemiebücher beiseite, als habe es sie nie gegeben, und widmete sich der Erforschung des Evangeliums mit der gleichen Systematik, mit der er seine wissenschaftlichen Untersuchungen betrieben hatte. Er wandte sich der geschichtskritischen Evangelienforschung zu, die er als den wichtigsten Beitrag zur kulturellen Evolution der Menschheit verstand. Durch sie erst konnte mit wissenschaftlicher Sicherheit die authentische Botschaft Jesu entdeckt werden. Unter Anleitung des bekannten Exegeten Prof. Dr. Herbert Haag studierte er von 1981 bis 1993 das Neue Testament nach allen Regeln der Kunst.
Ziegler war unumstößlich davon überzeugt, daß die Worte Jesu die Botschaft zur Erlösung von allem Übel sind. Er betrachtete sie als universelle Liebeserklärung an die Welt. »Die Geschichte unserer Welt«, schrieb Ziegler kurz vor seinem Tod in einem Abschiedsbrief an seine Freunde, »trotz aller Rätsel und Dunkelheiten, ist eine gigantische Liebesgeschichte zwischen Gott und uns Menschen.« Unter dieser Perspektive muß man den tiefempfundenen inneren Auftrag verstehen, dem sich Ziegler in seiner bibelwissenschaftlichen Arbeit verpflichtet fühlte.
Die kritische Forschung hatte ein Jesusbild zutage gefördert, das Ziegler so umschrieb: »Jesus verkündete seine Frohbotschaft vom Gottesreich mit souveränem Selbstverständnis wie einer, der die Vollmacht dazu hat. Aber er sagte dabei nicht, der Sohn Gottes zu sein. Jesus zog Gutes tuend durch

das Land und erregte überall Aufsehen, aber er wirkte keine Wunder, er lehnte Wunderzeichen sogar ab. Er war als Jude auch den Anschauungen und dem Milieu seiner Zeit verpflichtet. Aber in all dem ging er nicht auf, sondern er durchbrach und überschritt das Übliche. Er kam aus kleinen Verhältnissen, aber er verkündete weltbewegende, unverwechselbar eigene Ideen, die vorhandene Anschauungen, Begriffe und religiöse Einrichtungen transzendierten. Er setzte an die Stelle des Grundsatzes von Kraft und Gewalt das Gebot unterschiedsloser Liebe. Er rief den Armen zu, sich zu freuen – und den selbstgerechten Frommen, daß Prostituierte und verrufene Zöllner noch vor ihnen in das Gottesreich hineinkommen würden… Aber die Kirche interpretierte die Kreuzigung Jesu als Sühneopfer für die Sünden der Menschheit zur Versöhnung des beleidigten Gottes; Gott habe nur durch seinesgleichen, durch das Opfer seines göttlichen Sohnes, versöhnt werden können: also durch ein Menschenopfer, ein Gottesopfer. Welch ein Abgrund zum Bild, das Jesus von Gott in seiner Parabel vom Vater des verlorenen Sohnes gezeichnet hat!«[1]
Um diesen Abgrund zu überbrücken, machte sich Ziegler daran, aus den biblischen Texten das authentische Material von späteren Bearbeitungen und Hinzufügungen zu trennen. Er hoffte, durch seine Arbeit einen Beitrag dazu zu leisten, daß die Kirche nach zweitausend Jahren theologisch begründeter Irrwege Einsicht zeigen würde und selber zur ursprünglichen Botschaft Jesu zurückfinden möge. Er schrieb: »Ich beschwöre die Amtskirche, daß sie ihr überlegenes Selbstbewußtsein eigener Unfehlbarkeit beiseite legt und sich ohne Vorbehalt dem Jesus der Geschichte stellt und unterwirft.«[2]
Ein edler, aber nur ein »frommer« Wunsch. Ein Wunsch

freilich, den viele von der Amtskirche Enttäuschte aussprechen. Aber ein Wunsch, der an einem Mißverständnis zum Scheitern verurteilt ist. Das Mißverständnis bezieht sich auf den Zusammenhang zwischen dem Christentum und der Lehre Jesu. Das Christentum, als dessen Verwalter die Kirche auftritt, ist an der ursprünglichen, an der eigentlichen Lehre Jesu nicht interessiert. Die Amtskirche interessiert nur die Lehre des Paulus – der Mythos von einem vergöttlichten Wesen »Christus«, das letztlich nur um des Beweises von der Inkarnation dieses Wesens (sein wundersames Herabsteigen vom Himmel und Wiederauffahren in den Himmel) auf die geschichtliche Figur des weisen Mannes Jesus zurückgreift. Mehr benötigt der Paulinismus nicht, um sich zu legitimieren und eine Lehre in die Welt zu setzen, die sich weit, erstaunlich weit, unversöhnlich weit von den Darlegungen Jesu entfernt hat. Es sind die Menschen, viele »Christen«, die an den Lehren Jesu interessiert sind und die Botschaft des Ur-Evangeliums hören wollen und ein tiefes Bedürfnis haben, diesen einfachen und doch alles entscheidenden Einsichten zu folgen. Die Amtskirche hat daran kein Interesse, ja sie kann gar kein Interesse daran haben, weil sie sich dadurch ihre eigene Existenzberechtigung entziehen würde. Ein Christentum ohne Christus braucht keine mit der Macht der Sündenvergebung ausgestattete Stellvertreter Gottes auf Erden.

Was Herbert Ziegler als »die wohl größte Herausforderung, vor die sich die Kirche je gestellt sah«[3], verstand, wird darum ein Wunschbild bleiben. Die Kirche sieht sich keineswegs dieser Herausforderung gegenüber. Sie wird es auch nie. Wenn aber in den Christen das Bewußtsein erwacht für jenen enormen Abgrund, der zwischen dem Menschen »Jesus« und der mythischen Gestalt »Christus«, zwischen den wahren Worten Jesu und den Mythen des Paulus, zwischen dem beispielhaften Leben von Jesus und der Verwaltung und Verteidigung der Macht der Amtskirche besteht, dann wird das Problem die Kirche einholen, ja überholen. Die Amtskirche, davon bin ich überzeugt, wird sich nicht grundlegend reformieren, um dem Ur-Evangelium zu entsprechen. Eine Reformfähigkeit diesen Ausmaßes ist einfach undenkbar. Aber sie wird vielleicht selber marginalisiert werden, zu einer »Sekte« für paulinistische Fundamentalisten verfallen.

Gegen Ende seines Lebens, als Herbert Ziegler mit der Fertigstellung seiner Arbeit am Ur-Evangelium beschäftigt war, ist er zur gleichen Einsicht gelangt. In einem Brief vom 21. Mai 1998 schrieb er mir: »Das Verhalten der katholischen Amtskirche rund um das Thema ›Turiner Grabtuch‹ illustriert, daß sie nicht mehr auf dem Fundament ›Jesus von Nazaret‹ steht, sondern sich in ihr eigenes, selbstgemachtes System von Theologie, Dogmen, Moral, Jurisdiktion, Ritual und Macht einspinnt und damit in den Prozeß eines irreversibel fortschreitenden Autoritätsverlustes geraten ist. Die Menschen setzen sich zunehmend unabhängig von der Kirche mit dem Thema ›Jesus von Nazaret‹ auseinander und entdecken selber, welche Bedeutung dieses für sie darstellt.«

Durch seine Neuübersetzung und Aufdeckung der authentischen Jesusworte ist es Herbert Ziegler, der den Menschen eben diese Möglichkeit bietet, sich unabhängig von der Kirche mit dem Menschen Jesus und seiner ursprünglichen Lehre vertieft auseinandersetzen zu können.

München, Juni 1999 *Elmar R. Gruber*

ERSTER TEIL

Die Entschlüsselung des Ur-Evangeliums

Vom kritischen Umgang mit heiligen Schriften

von ELMAR R. GRUBER

»Diese Evangelien
kann man nicht behutsam genug lesen;
sie haben ihre Schwierigkeiten
hinter jedem Wort.«

FRIEDRICH NIETZSCHE, *Der Antichrist*

A Auf der Suche nach dem historischen Jesus

Beklagenswerte Quellenlage

Ohne Zweifel ist die Suche nach der historisch faßbaren Person »Jesus« ebenso faszinierend wie frustrierend. Sie hat Forscher und Gelehrte jahrhundertelang in Atem gehalten. Gleichwohl ist die Suche noch lange nicht zu Ende. Neue Methoden historisch-kritischer Forschung erlauben neue Einsichten. Die bedeutenden antiken Schriftfunde der letzten Jahrzehnte sind nur zum Teil ausgewertet. In den riesigen Archiven von Bibliotheken, Klöstern und vor allem im Vatikan sind sicher noch Entdeckungen zu machen, und auch die Archäologie wird zu diesem Thema neues Material zutage fördern.
Frustrierend bleibt diese Suche dennoch. Die außerordentliche Bedeutung, die Jesus im Leben zahlloser Menschen einnimmt, steht in einem eklatanten Mißverhältnis zu brauchbarem Quellenmaterial, das uns über sein Leben und Wirken gesicherte Aufschlüsse zu geben vermag. In den Büchern, die in den ersten beiden Jahrhunderten unserer Zeitrechnung geschrieben wurden, finden sich kaum Hinweise auf den Menschen Jesus. Die späteren Quellen sind ausschließlich theologische Schriften, die den Glauben an Jesus Christus als den Messias und Sohn Gottes voraussetzen. Sie sind darum für eine Einschätzung fundierter histori-

scher Tatsachen unbrauchbar. So beklagenswert ist die Quellenlage, daß die Wissenschaft bis heute nicht in der Lage ist, auch nur das genaue Geburtsjahr Jesu zu nennen.

Den zeitgenössischen Historikern scheint Jesus beinahe vollkommen unbekannt oder zumindest nicht erwähnenswert gewesen zu sein. Außerhalb der kanonischen und apokryphen biblischen Schriften ist der Mensch Jesus nicht mehr als eine Fußnote der Geschichte. Von Jesu Zeitgenossen Philo Judaeus (20 v. Z.–50 n. Z.) sind uns zwar etwa fünfzig Werke erhalten, die viel interessantes Material über Geschichte, Philosophie und Religion wiedergeben, aber nirgends in seinen Schriften erwähnt er Jesus, obwohl er ausführlich über Pilatus schreibt.

Auch der jüdische Geschichtsschreiber des ersten Jahrhunderts, Justus von Tiberias, aus Tiberias bei Kafarnaum, wo sich Jesus öfter aufgehalten haben soll, überliefert in seiner umfangreichen Chronik, die sich von Moses bis in seine Tage erstreckte, nichts von Jesus. Über Jesus schweigen ebenso auf römischer Seite die großen Historiker und Biographen der Zeit, wie Sueton und sein Freund Plinius der Jüngere. In einem Brief an Kaiser Trajan aus dem Jahr 110 schreibt Plinius der Jüngere (62–113) zwar über Christen in Bithynien, erwähnt aber mit keinem Wort den Gründer ihrer Sekte. Sueton (70–140) hatte als Kanzleichef von Kaiser Hadrian Zugang zu den Staatsarchiven. Er sichtete die Dokumente und bemerkte lediglich, daß unter Kaiser Claudius (41–54) die Juden aus Rom vertrieben wurden, weil sie unter dem Einfluß eines gewissen »Chrestos« Unruhe gestiftet hätten.

Auch die Erwähnung Jesu bei Tacitus (ca. 55–nach 116), dem letzten großen römischen Geschichtsschreiber des zweiten Jahrhunderts, ist enttäuschend und wenig brauchbar. In sei-

nen »Annalen« (ca. 117/118) berichtet er von dem »verheerenden Aberglauben« der Christen, die ihren Namen auf einen gewissen Christus zurückführen. Kaiser Nero hätte, um dem Gerede entgegenzuwirken, er habe den Brand von Rom im Jahr 64 angeordnet, Leute »als Verantwortliche vorgeschoben, die das Volk wegen ihres üblen Rufs haßte und die es Christen nannte, und verhängte über sie ausgesuchte Strafen. Christus, von dem dieser Name herrührt, war zur Zeit des Kaisers Tiberius unter dem Landpfleger Pontius Pilatus hingerichtet worden.«[4] Der Bericht entstand etwa 80 bis 90 Jahre nach der Kreuzigung und stützte sich auf im zweiten Jahrhundert umlaufende Erzählungen. Wie überall in Rom hielt auch Tacitus »Christus« für einen Eigennamen.
Der jüdische Geschichtsschreiber Joseph Ben Mathias, der römischer Bürger geworden und den Namen Flavius Josephus angenommen hatte (37–ca. 100), veröffentlichte um das Jahr 93 sein Werk »Jüdische Altertümer«, eine Art Weltschau von der Schöpfung bis zum Regierungsantritt des Kaisers Nero, die nicht-jüdische Leser mit der Geschichte der Juden vertraut machen sollte. Er beschreibt darin detailliert Politik und Gesellschaft der Zeit Jesu und berichtet von Johannes dem Täufer, Herodes und Pilatus. Als er die Steinigung eines Mannes namens Jakobus beschreibt, erwähnt er Jesus als dessen Bruder: Der Hohepriester Ananos »erhob gegen den Bruder von Jesus, den man Christus nennt – sein Name war Jakobus –, und gegen einige andere Anklage wegen Staatsverbrechen und überantwortete sie zur Hinrichtung durch Steinigung.« Im 18. Buch der »Jüdischen Altertümer« können wir allerdings einen erstaunlichen Satz lesen: »Zu dieser Zeit lebte Jesus, ein weiser Mensch, wenn man ihn einen Menschen nennen darf. Unerhörte Taten tat er nämlich, war ein Lehrer von Menschen, die mit Freude

die Wahrheit annehmen, und gewann viele Juden und auch Griechen für sich. Er war der Christus.«
Dieses berühmte »Testimonium Flavianum« (»Zeugnis des Flavius«), das Jesus als Wundermann und erfolgreichen Lehrer charakterisiert, stammt allerdings mit Sicherheit nicht aus der Feder des Josephus. In der späteren Antike war das Interesse an Josephus groß, und für die christlichen Theologen war es unabdingbar, daß ein so genauer Chronist der Zeit etwas über Jesus geschrieben haben mußte. Aus diesem Grunde fälschten sie das »Testimonium Flavianum« im dritten Jahrhundert und fügten es an geeigneter Stelle in die »Jüdischen Altertümer« ein. Die darin geäußerte Meinung steht in schroffem Gegensatz zu den Ansichten des Josephus. Der Ausdruck, er sei »Christus« und seine Natur nicht nur menschlich gewesen, sind eindeutige Hinweise auf die, im übrigen plumpe, Arbeit eines kirchlichen Fälschers.
Hier begegnen wir bereits der ganzen Problematik, die sich dem Historiker eröffnet: Praktisch kein brauchbarer Hinweis außerhalb der biblischen Schriften und dort, wo eine detailliertere Erwähnung erscheint, erweist sich diese als Fälschung. Was bleibt, sind die biblischen Texte, die freilich eine ganz andere Herausforderung an den kritischen Geist der Gelehrten stellen. Hier Tatsachen von Fiktionen, biographische Hinweise von Legenden, Geschichte von Theologie zu unterscheiden, mag als Sisyphosarbeit erscheinen, ohne Aussicht auf Erfolg. Dennoch, die Suche hat sich gelohnt, der Erfolg hat sich eingestellt. Der Mensch Jesus konnte, weniger mit seinen Taten, aber vor allem in seinen Worten aus den Texten des Neuen Testaments herausgeschält werden.
Gewiß bleibt der Umgang mit dem historischen Jesus schwierig. Leicht vermischt sich das Bild, das in den Evan-

gelien von ihm gezeichnet wird, mit jenem historischen Portrait, das unter den Textschichten verborgen ist und nur mühevoll entfaltet werden kann. Ein Beispiel bietet Karlheinz Deschner in seinem zweifellos bedeutenden Monumentalwerk »Kriminalgeschichte des Christentums«, wo er sich gewissermaßen seine eigene Argumentation kaputt macht.[5] Zunächst erbringt er den bekannten Nachweis, daß von der Person Jesu außerhalb der Evangelien so gut wie nichts zu lesen ist, wobei er hinter die Geschichtlichkeit der Figur Jesu zumindest ein großes Fragezeichen setzt. Gleichzeitig zeigt er eloquent und mit großer Materialfülle, wie die frühen Christen und die späteren Theologen in den Evangelien gefälscht und verändert haben. Mit der Zuverlässigkeit des Neuen Testaments stehe es damit äußerst schlecht. Er folgt damit den Argumenten der historisch-kritischen Bibelforschung, die im Neuen Testament weitgehend »eine Anekdotensammlung« sieht oder »Kultlegenden«, »Erbauungs- und Unterhaltungsgeschichten«, in denen »der Glaube alles, die Geschichte nichts« sei.

Das hindert Deschner nicht daran, einen »Irrtum Jesu« darin erkennen zu glauben, daß er stark von der jüdischen Apokalyptik beeinflußt war. Was den daraus resultierenden christlichen Glauben anbelangt, resümiert er: »Geradezu die Keimzelle dieses Glaubens aber ist Jesu Irrtum über das unmittelbar bevorstehende Ende der Welt.«[6] Damit macht Deschner Jesus durch die Hintertür wieder historisch, um ihm diesen zentralen Vorwurf unterschieben zu können. Es ist wahr, daß sich die Geschichtlichkeit Jesu vor allem an seinen Worten festmachen läßt. Aber gerade die Stellen in den Evangelien, die einen apokalyptischen Jesus in Erscheinung treten lassen, das hat die moderne Forschung nachgewiesen, sind Einfügungen einer späteren redaktionellen Bearbeitung der Evangelien. Nicht Jesus irrte über das unmittelbar bevorstehende Ende der Welt, sondern eine bestimmte Gruppe seiner Anhänger, die ihrem Meister postum jene apokalyptischen Züge und Aussagen andichteten. Der Ur-Jesus[7] – der authentische Mensch Jesus – hielt von apokalyptischen Spekulationen nichts. Natürlich hat er sich damit auseinandergesetzt, denn sie grassierten zu seinen Lebzeiten in Palästina in unübersehbarer und vor allem unüberhörbarer Weise. Bei Johannes dem Täufer hat sie Jesus zu Beginn seines öffentlichen Wirkens in ihrer schärfsten Form kennengelernt.

Die Anfänge der kritischen Bibelwissenschaft

Bis weit in das 18. Jahrhundert hinein waren die Texte des Neuen Testaments – auch für vergleichsweise kritische Geister – im Grunde nahezu unantastbar, denn sie galten als heilige Schriften. Die kritische Auseinandersetzung mit der Bibel begann erst 1500 Jahre nach Jesus mit der Reformation. Grundsätzlich änderte sich damit aber noch wenig. Die Reformation bereitete gleichwohl den Boden für eine gelehrte Auseinandersetzung mit den biblischen Texten jenseits des reinen Glaubens. Die katholischen Forscher hingegen werden noch bis in die Gegenwart an einer völlig freien Untersuchung des Neuen Testament durch eine Bestimmung aus dem Konzil von Trient aus der Mitte des 16. Jahrhunderts gehindert. Darin heißt es, daß »niemand in Sachen des Glaubens und der Sitte, die zum Aufbau der christlichen Lehre gehören, die heilige Schrift gegen den Sinn zu erklären wagen darf, den die hl. Mutter Kirche anerkannte und anerkennt, der es zusteht, über den wahren Sinn und die wahre

Auslegung der hl. Schriften zu urteilen.« Dabei ist die »hl. Mutter Kirche« – sprich: die Führer der katholischen Kirche – wohl am wenigsten geeignet, Texte auf ihre historische Authentizität hin zu untersuchen. Noch auf dem ersten Vatikanischen Konzil 1870 wurde das Dogma der Irrtumslosigkeit der Bibel bestätigt. Das Tabu über den gelehrten Umgang mit dem Neuen Testament wurde deshalb in der Hauptsache von protestantischer Seite gebrochen, allerdings erst im Zuge der Aufklärung, als die kritische Auseinandersetzung mit Geschichte und historischen Dokumenten sich auch dieses Themas bemächtigte.

Der Ausgangspunkt für diese Entwicklung ist in der philosophischen Hauptströmung jener Zeit zu sehen, alle menschlichen Belange dem Diktat der Vernunft zu unterstellen. Das religiöse Denken sollte davon keine Ausnahme machen. Man spricht in diesem Zusammenhang von »Deismus«. Besonderen Einfluß auf die entstehende Bibelwissenschaft im eigentlichen Sinn hatte dabei der sogenannte englische Deismus.

Aufgeklärte englische Forscher, wie John Locke (1632–1704), Matthew Tindal (1657–1733) und Thomas Morgan (1680–1743), vertraten die Ansicht, das Neue Testament müsse wie jede menschliche Urkunde völlig ohne Vorurteil in seinem geschichtlichen Zusammenhang betrachtet werden. Der römischen Kirche erschien es als ein Affront gegen die göttliche Quelle der Heiligen Schrift, als die Deisten zuerst darauf hinwiesen, daß das Neue Testament falsche Vorstellungen enthalte, wie beispielsweise die Erwartung des unmittelbar bevorstehenden Weltendes. Auch die Erkenntnis, daß der biblische Text sachlich keine Einheit darstelle war den Hütern der Religion ein Dorn im Auge.

Nach und nach entkleideten die Deisten die biblischen Berichte ihrer angeblichen Einzigartigkeit. Sie wiesen nach, daß selbst die Figur Jesu in enger Entsprechung zu den damals im hellenistischen Raum überall tätigen Wanderpredigern und Wundermännern literarisch entwickelt wurde. Besonders heftige Reaktionen von seiten der Kirche riefen dabei die Anmerkungen von Charles Blount (1654–1693) zu seiner Übersetzung von Philostrats »Leben des Apollonios von Tyana« (1680) hervor. Die Biographie des Neupythagoreers Apollonios von Tyana, der fast ein Zeitgenosse Jesu war und als zwielichtiger Magier und Betrüger galt, zeigt zahlreiche erstaunliche Parallelen zu den Geschichten, die von Jesus in den Evangelien erzählt werden: Er weissagte, heilte Kranke, trieb Dämonen aus, erweckte eine Tote zum Leben, wurde auf wunderbare Weise aus dem Gefängnis entrückt und nach seinem Tod als Heros oder Gott verehrt. Blount machte auf die Übereinstimmungen aufmerksam, und sein ironischer Ton kann den Rechtgläubigen kaum verborgen geblieben sein. Die Folge allerdings war, daß die Gelehrten sich aufmerksamer den Wunderberichten im Neuen Testament zuwandten. Die Deisten schrieben sich seitdem die scharfe Kritik an den Wundern und »übernatürlichen« Ereignissen auf ihre Fahnen. Bald wurde deutlich, daß bestimmte Wunder im Neuen Testament nach den damals umlaufenden Erzählungen über die Taten berühmter »Wundermänner« der Antike gebildet wurden, wie Epimenides, Pythagoras, Empedokles und selbst Plato, den man nach seinem Tod für einen Sohn Apollos hielt. Von Empedokles erzählte man sich, er habe Kranke geheilt, Tote erweckt, Stürme beschworen und die Zukunft vorhergesagt. Die Ähnlichkeit mit den Jesus zugeschriebenen Wundern ist bisweilen verblüffend. Denken wir nur an die Stelle, als Jesus dem Petrus aufträgt, die Netze noch einmal zum Fischfang auszuwerfen

(Lk 5,1–7). Sie ist einer Erzählung über Pythagoras nachgebildet, der in Kroton den Fischern voraussagte, wie viele Fische sie fangen würden, wenn sie ihre Netze noch einmal ins Wasser werfen würden.[8]

Entscheidend wirkten die Thesen der englischen Deisten auf die französischen Denker Voltaire (1694–1778) und Montesquieu (1689–1755), die beide einige Jahre in Großbritannien lebten. Sie brachten sie als wichtiges Bildungselement nach Frankreich und begründeten damit dort eine moderne Form der Religionskritik, die auch zum Grundstein für den philosophischen Atheismus wurde.

In Deutschland wirkten sich die Thesen der englischen Deisten vor allem auf eine neue »naturtheologische« Ausrichtung aus. In diesem »Physikotheologie« genannten Wissensgebiet versuchten die Gelehrten, die Erkenntnisse der aufstrebenden Naturwissenschaften mit den biblischen Berichten in einen theologischen Rahmen zu stellen. Wortführer dieser Strömung war Johann Albrecht Fabricius (1688–1736). Aus seinem unmittelbaren Umfeld kam der bedeutendste Anstoß für die moderne Bibelwissenschaft, nämlich von seinem Schwiegersohn, dem Hamburger Professor für orientalische Sprachen Hermann Samuel Reimarius (1694–1768).

Reimarius brach in einer Weise auf die Suche nach dem historischen Jesus auf, die alles bislang Dagewesene an kritischem Scharfsinn und erstaunlichen Einsichten in den Schatten stellte. Zwanzig Jahre lang arbeitete er an seiner »Apologie oder Schutzschrift für die vernünftigen Verehrer Gottes«, in der er das Neue Testament einer kritischen Analyse unterzog. Jedoch Reimarius behielt seine Erkenntnisse für sich. Er fürchtete zu Recht, mit einer Veröffentlichung theologische Streitigkeiten hervorzurufen. Nur im engsten Freundeskreis berichtete er gelegentlich über seine Einsichten in das Wesen der christlichen Religion. Nach seinem Tod gelangte das Manuskript in die Hände Gotthold Ephraim Lessings, der die Bedeutung der Arbeit sofort erkannte und daraus sieben »Fragmente eines Ungenannten« veröffentlichte.

Reimarius' grundsätzliche Einsicht revolutionierte den gelehrten Umgang mit der Heiligen Schrift. Er hatte eine einfache, aber alles entscheidende Entdeckung gemacht: Was die Autoren der Evangelien über Jesus sagten, unterschied sich auffällig von dem, was Jesus selber sagte. In einer früheren Arbeit faßte Herbert Ziegler die Hypothese von Reimarius folgendermaßen zusammen: »Jesus hielt sich für einen irdisch-weltlichen Messias, der die Religion seines Volkes sittlich vertiefen wollte, ein nahes ›Reich Gottes‹ ankündigte, sich aber mit der Führerschicht seines Volkes überwarf, deshalb scheiterte und schließlich hingerichtet wurde. Die Apostel haben dann aus dem Mißerfolg Jesu und dem Zusammenbruch ihrer eigenen Hoffnungen einen Erfolg zu machen verstanden, der aber ganz im Gegensatz zu dem stand, was Jesus gesagt und gewollt hatte. Mittels der betrügerischen Behauptung, Jesus sei von den Toten auferstanden, schufen sie das Glaubenssystem einer neuen Religion und machten Jesus, der selbst nur Träger seiner Botschaft gewesen war, zum inhaltlichen Zentrum eines neuen Glaubens. Jesus, der Verkünder, wurde so zum Christus, dem Verkündeten.«[9]

Offenbar gab es einen gewaltigen Unterschied zwischen dem Menschen Jesus und dem Christus des Glaubens. Beide Figuren voneinander zu trennen, jene Entwicklungen aufzudecken, die Christus benutzten, um einen bestimmten Glauben und eine bestimmte Form der amtlichen Verwaltung dieses Glaubens zu rechtfertigen und die tatsächlichen Handlungen und Aussagen des Menschen Jesus davon zu unterscheiden, das sollte die Aufgabe der historischen Textkritik werden. Es ist erstaunlich zu sehen, daß Reimarius, einer der ersten kritischen Bibelforscher, bereits die wesentlichen Erkenntnisse gewonnen hatte, welche ganzen Generationen von Bibelforschern Arbeit an die Hand gab, diese zu verfeinern und anzureichern.

Die Zeit für eine Schrift wie die von Reimarius war zweifellos reif. Auf dem philosophischen Fundament des englischen Deismus, der Europa im Laufe des 18. Jahrhunderts eroberte, hatten sich Gelehrte zunehmend daran gewagt, die biblischen Texte des Alten und des Neuen Testaments nach philologischen Gesichtspunkten zu untersuchen. Beispielsweise sammelten sie jüdische und heidnische Parallelen, um zu versuchen, das Neue Testament so zu verstehen, wie es die Zeitgenossen Jesu aufgefaßt haben mußten. Zum ersten Mal wurde auch Kritik geäußert über die Zusammenstellung der Heiligen Schrift unter dem Ausschluß von vergleichbaren Texten, also zum Problem, warum gewisse Schriften als kanonisch und andere als nicht kanonisch oder apokryph eingestuft wurden.

Johann Salomo Semler (1725–1791) führte den Nachweis, daß der Kanon allein durch menschliche Übereinkunft zustande gekommen war. Aus diesem Grund sei die Zugehörigkeit eines Textes zum Kanon ausschließlich eine Sache der Geschichte. Theologisch gelangte er auf diese Weise zu der brisanten Schlußfolgerung, daß Gottes Wort und Heilige Schrift nicht in Übereinstimmung stehen. Für die Bibelwissenschaft bedeutete dies die Eröffnung eines weithin vernachlässigten, völlig neuen Forschungsfeldes: die Analyse nicht-kanonischer (apokrypher) Texte und ihr Verhältnis zu den kanonischen Schriften. Damit war man zum ersten Mal auf ein Thema gestoßen, das den geschichtlichen Prozeß der Entstehung des Neuen Testaments ins Blickfeld rückte. Mit ihm begann die Aufdeckung der politischen, sozialen und theologischen Motive der Jesus-Bewegung und der frühen Kirchenführer, ihrer Dispute und Querelen, ihrer gegenseitigen Verleumdungen und des nicht enden wollenden Brandmarkens der Andersdenkenden als Ketzer.

Fortschritte und Krisen der Leben-Jesu-Forschung

Die mit Reimarius anhebende kritische Untersuchung hatte eine unerhörte Tatsache ans Licht gebracht, die einen tiefen Einblick in religionssoziologische Mechanismen gestattete. Die Heilige Schrift galt der Kirche als unantastbar und unfehlbar, weil sie göttlich inspiriert sei. Jedes Wort habe seine Bedeutung, und nichts durfte entfernt werden. Ganz so, wie Jesus auch den letzten i-Punkt im mosaischen Gesetz und in den Weisungen der Propheten, dem Matthäusevangelium zufolge, als unverrückbar erklärt habe (Mt 5,18). In Wahrheit wurde in diesen unfehlbaren, unantastbaren Texten von Kirchenführern und Theologen jahrhundertelang in massivster Weise eingegriffen, verändert, gestrichen, redigiert, angefügt und umgeschrieben. Die zweierlei Maß, mit denen die Kirche nach innen und außen urteilte, lagen mit einem Male offen und stellten sie in ein völlig neues Licht, vor dem sie sich ob ihrer Macht jahrhundertelang sicher fühlen konnte.

Die historische Zergliederung des Neuen Testaments führte im 19. Jahrhundert zu bedeutenden neuen Einsichten und wichtigen Studien. Hervorzuheben sind »Das Leben Jesu« von David Friedrich Strauß (1808–1874), das der Theologe und freie Schriftsteller als sein Erstlingswerk mit 27 Jahren veröffentlichte, und die Arbeiten des Tübinger Theologen Ferdinand Christian Baur (1792–1860). Bewaffnet mit einer kompromißlosen rationalistischen Kritik lehnte Strauß die Geschichtlichkeit der Evangelien rundweg ab. Für ihn waren sie nichts als Legenden und fromme Geschichten um die Gestalt Jesu, inspiriert durch das Alte Testament. Nachdem seine Anhänger zu der Überzeugung gelangt waren, daß Jesus der Messias sei, »glaubten sie, es müsse an ihm auch alles zugetroffen sein, was man, den alttestamentlichen Weissagungen und Vorbildern und deren landläufiger Auslegung zufolge, von dem Messias erwartete.«[10] Sie erdichteten deshalb die biographischen Details und vor allem die vielen Wundertaten, von denen es, Strauß zufolge, »unmöglich ist, so unnatürliche Dinge sich als wirklich vorgefallen zu denken«.[11] Die verschiedenen »Mythengruppen«, die Strauß in den Erzählungen vom Leben Jesu ausmachte, ließen in seinen Augen Jesu Biographie als ungeschichtlich erscheinen.

Ferdinand Christian Baur entdeckte einen Gegensatz zwischen den Ausrichtungen von Paulus und dem Judenchristentum, der am deutlichsten in der Johannesoffenbarung zutage tritt. Im Laufe des zweiten Jahrhunderts habe sich dieser Gegensatz im Zuge der Entstehung des frühen Katholizismus aufgelöst. Aufgrund dieser Einsicht versuchte Baur »echte« von »unechten« Schriften zu unterscheiden, wobei als »echt« nur jene gelten konnten, in denen dieser Gegensatz noch vorhanden war. War für Strauß noch die Aussicht, die Geschichte Jesu aufdecken zu können, unter dem Ballast an mythischen Erzählungen unmöglich erschienen, wies

Baur den Weg dazu. Durch seine eingehende Quellenkritik konnte er beispielsweise zeigen, daß die Evangelien von Markus, Matthäus und Lukas dem Johannesevangelium geschichtlich überlegen waren. Damit war zumindest der Weg gewiesen, die Geschichte des Urchristentums anhand der Entwicklung der Schriften nachvollziehen zu können und somit die Aussicht auch die Geschichte Jesu, zumindest in einigen Elementen, erhellen zu können.

Die Studien von Strauß und Baur führten zu zahlreichen Neuerungen, zum Teil in diametral entgegengesetzte Richtungen. Auf der einen Seite verbannte Bruno Bauer (1809–1882) die Figur Jesu vollständig aus der Geschichtsforschung und erklärte den Stifter des »Neuen Bundes« schlichtweg für eine mythische Erfindung: Jesus und Paulus seien nichts als literarische Fiktionen. Das Christentum sei durch eine fanatische Gruppe geboren worden, die es um die erdichteten Figuren von Jesus und Paulus aus jüdischen, griechischen und römischen religiösen Überlieferungen zusammengeschmiedet hätte. Auf der anderen Seite führte die intensive Auseinandersetzung mit den Quellenschriften bis zur Mitte des 19. Jahrhunderts zu entscheidenden philologischen Einsichten, an deren Ende ein neues Verständnis für die Geschichtlichkeit Jesu und seiner Darlegungen steht.

Zunächst wurde entdeckt, daß drei Evangelien einander sehr ähnlich sind, das Matthäus-, das Markus- und das Lukasevangelium. Man nennt sie deshalb die »synoptischen« Evangelien, weil man die einzelnen Textpassagen in einer vergleichenden Übersicht nebeneinanderstellen kann. Dabei zeigen sich zwei aufschlußreiche Arten der Übereinstimmungen. Der Fortgang der Erzählungen in den Texten von Matthäus und Lukas stimmt nur dann überein, wenn er der bei Markus niedergelegten Geschichte folgt. Das führte zu der Erkenntnis, daß Markus das älteste Evangelium sein mußte, die beiden anderen es kannten und nach ihm ihren »Lebensbericht Jesu« komponierten. Die Evangelien des Matthäus und des Lukas enthalten darüber hinaus noch »Sondergut«, das jeweils nur in einem der Evangelien enthalten ist. Aber es gibt auch zwischen Matthäus und Lukas Übereinstimmungen, die im Markusevangelium vollständig fehlen. Diese dritte Erkenntnis war die entscheidende. Sie eröffnete der Bibelwissenschaft ein völlig neues Feld – ein unbekanntes Gelände, dessen Erkundung heute zu der Möglichkeit geführt hat, die authentischen Worte Jesu und damit die historische Person »Jesus« zu rekonstruieren. Die bei Markus fehlenden, aber bei Matthäus und Lukas übereinstimmenden Passagen sind ausschließlich Aussagen Jesu, kurze Weisungen, Parabeln, Weisheitssprüche. Die Ähnlichkeit dieser Textpassagen ist augenfällig. Es steht außer Zweifel, daß Matthäus und Lukas neben dem Markustext über eine zweite gemeinsame Quelle verfügt haben. Dieser hypothetische Text wird von den Bibelwissenschaftlern als Logien- oder Spruchquelle bezeichnet und der Einfachheit halber mit Q, für »Quelle«, abgekürzt.

In diese Zeit der großen Fortschritte in der historisch-kritischen Bibelforschung fallen auch wichtige Funde antiker Manuskripte. 1844 entdeckte Konstantin Tischendorf im Katherinenkloster im Sinai einen Codex aus dem vierten Jahrhundert. Wie sich herausstellte, handelte es sich um die älteste bis dahin bekannte Handschrift des griechischen Neuen Testaments. Die kritische Bibelforschung erlebte durch den Fund dieses sogenannten »Codex Sinaiticus« einen bedeutenden Aufschwung. Nur kurze Zeit später fand man in den reich gefüllten Schatzkammern der Vatikanischen Bibliothek eine weitere Abschrift der Griechischen Bibel aus dem vierten Jahrhundert. Die beiden Handschriften machten es nötig, daß die bekannten Ausgaben der Griechischen Bibel von Grund auf überarbeitet werden mußten. Viele spätere Änderungen, Zusätze, Übersetzungsfehler etc. konnten nun ausgemacht und bereinigt werden. Freilich konnte diese Arbeit nur als vorläufig angesehen werden. Immerhin waren auch diese Codices erst über dreihundert Jahre nach Jesus fertiggestellt worden. Dreihundert Jahre, in denen sich frühe Kirchenfraktionen gebildet hatten, in denen Ketzer von Rechtgläubigen geschieden wurden (wobei nicht immer mit dem gleichen Maß gemessen wurde und eine einst rechtgläubige Position durchaus in wenigen Jahrzehnten zu einer häretischen werden konnte). Dreihundert Jahre, in denen sich endlich eine Katholische Kirche ausgebildet hatte mit einer von ihren Führern einigermaßen übereinstimmend akzeptierten Sammlung (Kanon) von »heiligen Schriften des Neuen Testaments«.

Mit dem Aufschwung der Archäologie in Ägypten kam es gegen Ende des 19. Jahrhunderts zu einer Reihe weiterer bedeutender biblischer Schriftfunde. Schließlich wurde es nötig, den Text der Griechischen Bibel abermals einer kritischen Neuausgabe zuzuführen. Der Grund dafür waren vor allem die Chester-Beatty-Papyri, die zwischen 1930 und 1932 aus unbekannter Herkunft erworben wurden. Sie waren bereits in der ersten Hälfte des dritten Jahrhunderts geschrieben worden.

Heute kennt man viele Fragmente der Griechischen Bibel. Einige davon bestehen nur aus wenigen Worten oder Bruchstücken von Worten. Sie sind für unser Verständnis der ältesten Textfassungen kaum zu gebrauchen, obwohl in den letzten Jahren um solche Fundstücke enormer Wind gemacht wurde. Die älteste heute bekannte, längere Handschrift der Griechischen Bibel muß um das Jahr 200 entstanden sein.

Trotz dieser Erfolge erfuhr die Leben-Jesu-Forschung im 20. Jahrhundert für nahezu ein halbes Jahrhundert bis etwa 1970 durch die bestimmende Anschauung der beiden einflußreichen Theologen Karl Barth (1886–1968) und Rudolf Bultmann (1884–1976) einen herben Rückschlag. Barth und Bultmann erachteten die Suche nach dem historischen Jesus für den unerlaubten Versuch, den Glauben »beweisbar« machen, ihm eine objektive Realität unterschieben zu wollen. Noch heute behindert dieses theologische Verbot viele Bemühungen, die Leben-Jesu-Forschung voranzutreiben. Der Neutestamentler Ernst Käsemann (1906–1998) faßte das Ergebnis der Leben-Jesu-Forschung nüchtern zusammen: Auf den »historischen Jesus selbst gehen nur wenige Worte der Bergpredigt, der Auseinandersetzung mit dem Pharisäismus, eine Anzahl von Gleichnissen und allerlei verstreutes Gut mit größerer Wahrscheinlichkeit zurück.«[12] Als Konsequenz daraus zog Bultmann den Schluß, daß ein anschauliches Bild der Persönlichkeit und des Lebens Jesu nicht mehr erkennbar sei.

Lange Zeit blieb deshalb Albert Schweitzers (1875–1965) berühmte Studie »Von Reimarius zu Wrede« (1906) wegweisend als Bestandsaufnahme der Leben-Jesu-Forschung. Schweitzer entwarf das Portrait eines eschatologischen Jesus, der die unmittelbar bevorstehende Apokalypse verkündet. Dieses Jesus-Bild ist weitgehend bestimmend geblieben. Die modernen Forschungen, die eindeutig gegen einen eschatologischen Jesus sprechen und diesen Zug als Andichtung der judenchristlichen Anhängerschaft in der Jesus-Bewegung ausmachen konnten, müssen sich gegen eine Mauer des Vorurteils erwehren. Konservative und fundamentalistische Kräfte wollen »ihren« streitbaren, apokalyptischen Jesus nicht aufgeben. In Wahrheit war zu Jesu Zeiten der Hauptvertreter der nahenden Apokalypse Johannes der Täufer. Die Mitglieder der Jesus-Bewegung hatten die apokalyptischen Ansichten von Johannes übernommen. Sie spielten vor allem unter Judenchristen eine wichtige Rolle, weil sie die kämpferische, revolutionäre Gesinnung gegen Rom rechtfertigten. Jesus hingegen trennte sich bewußt von den Ansichten des Johannes und verwarf dessen extreme Einstellungen und Lebensweisen. Er verließ die Wüste, ging zurück in die Städte und gab das Asketenleben auf. Erst in den letzten Jahrzehnten konnten vorurteilsfreie Forscher gegen den immer noch massiven Widerstand fundamentalistischer Gesinnung zeigen, daß Jesus mit den messianischen Hoffnungen und den endzeitlichen Sehnsüchten zahlreicher seiner Anhänger wie zelotischer Juden nichts zu tun hatte. Es ist eine wesentliche und grundsätzliche Leistung der modernen Textkritik, den historischen Jesus von dem späteren Beiwerk eines zornigen apokalyptischen Propheten befreit zu haben. Diese Leistung ist ein unmittelbares Resultat der detaillierten Analyse der redaktionellen Entwicklungen, welche die geheimnisvolle Spruchquelle Q im Lauf der Zeit durchgemacht hat.

Herbert Ziegler hatte in einer früheren Schrift das beunruhigende Ergebnis bei der nüchternen Zergliederung der Evangelien auf den Punkt gebracht: »In diesen Evangelien gibt es in der Tat vieles, was den kritischen Leser irritiert, der die geschichtliche Wahrheit über Leben und Lehre Jesu erfahren will. Die Evangelien berichten, Jesus sei Gottes Sohn gewesen, er sei nicht von einem Mann gezeugt worden, sondern von einer Jungfrau geboren worden, er habe Tote zum

Leben erweckt, Aussätzige geheilt, Brote und Fische tausendfach vermehrt, und schließlich sei er nach seinem Tod am Kreuz aus dem Grab auferstanden und in den Himmel entschwebt. Die Evangelien berichten, Jesus habe die ›Frohbotschaft‹ von einer neuen glücklichen Welt verkündet, gleichzeitig aber habe er einen grauenvollen Weltuntergang prophezeit und Verfluchungen ausgesprochen; er habe für den Frieden plädiert und zugleich für das Schwert; er habe Gott als einen zärtlichen liebenden Vater beschrieben, der Gute und Böse gleichermaßen liebe, zugleich aber die Bösen in eine ewige Hölle werfe; und schließlich sei Jesus zur Versöhnung dieses liebenden Gottes mit den sündigen Menschen am Kreuz als Menschenopfer gestorben. Können diese Evangelien als Quelle zu geschichtlicher Wahrheitsfindung dienen?«[13]

Das ist in der Tat die zentrale Frage. Die Bibelwissenschaft hat gezeigt, daß die Evangelien tatsächlich zu geschichtlicher Wahrheitsfindung dienen können, allerdings nur in beschränktem Rahmen. Doch wie entstanden die Evangelien überhaupt, welche Entwicklungen machten sie durch, bis sie den bekannten Wortlaut und Platz im Neuen Testament einnahmen?

B Wie die Evangelien entstanden

Paulus und die Jesus-Tradition

Ein Wort der Einleitung zum Sprachgebrauch: Wenn von den Evangelisten oder anderen angeblichen Autoren biblischer Schriften namentlich die Rede ist, etwa Markus, Matthäus, Lukas, Johannes, Paulus, dann sind nicht die Personen gemeint, die gewöhnlich als Jünger Jesu ausgegeben werden und die sich vermeintlich hinter diesen Namen verbergen. In Wahrheit kennt niemand die Autoren der Evangelien. Da sie Stückwerk sind und selber auf andere Texte zurückgreifen, kann die Urheberschaft auch nicht jeweils einer bestimmten Person zugeschrieben werden. Der Einfachheit halber verwende ich, allgemeinen Gepflogenheiten entsprechend, den Namen, der als Autor einem jeweiligen Evangelium vorangestellt ist, wenn ich von dem Text spreche.
Es verwundert nicht, daß die Texte des Neuen Testaments keine einheitliche Überlieferung widerspiegeln. Markus schrieb zu Beginn der 70er Jahre, also etwa vierzig Jahre nach der Kreuzigung und dem Ende des öffentlichen Wirkens Jesu. Die »kleine Apokalypse«, die Markus berichtet (Mk 13,1–37), ist eine Verarbeitung der furchtbaren Ereignisse während der Belagerung Jerusalems durch die Römer in den Jahren 66–70, die in ein eschatologisches Szenario gestellt wurden. Lukas und Matthäus verfaßten ihre Arbeiten kurz vor dem Ende des ersten Jahrhunderts. Aus der

Perspektive dieser beiden ist es, als ob heute ein Autor die Biographie eines Mannes schreibt, der Ende der 20er Jahre und zu Beginn der 30er Jahre für kurze Zeit Furore gemacht hatte, unter Zuhilfenahme einer kleinen Schrift aus den späten 70er Jahren und einiger anderer Texte, die Fragmente von angeblichen Reden dieses Mannes enthalten. Die Autoren der Evangelien selbst hatten keine Möglichkeit nachzuprüfen, was richtige Überlieferung und was Dichtung war. Sie mußten sich auf die vorliegenden Texte und auf die mündliche Tradition stützen.

Wie schwierig es ist, sich auf mündliche Traditionen zu verlassen, kann ein einfaches Beispiel zeigen. Stellen Sie sich vor, Sie hätten eben einem kurzen Vortrag in relativ leicht verständlichen Worten mit eindrucksvollen Metaphern und Beispielen gelauscht. Nun sollen Sie einer anderen Person diesen Vortrag wiedergeben. So lange er Ihnen noch frisch im Gedächtnis ist, wird es Ihnen wahrscheinlich nicht schwerfallen, die Kernaussagen zu vermitteln und das eine oder andere Beispiel wiederzugeben. Aber es wird Ihnen fast unmöglich sein, auch nur einen einzigen Satz in exakt den Worten zu wiederholen, die der Redner gebraucht hat. Seine Anhänger hörten Jesus zu. Sie machten keine schriftlichen Aufzeichnungen. Die wenigsten waren des Schreibens und Lesens kundig. Es ist offensichtlich, daß in den wenigsten Fällen die Worte Jesu exakt weitergegeben wurden. Als sie zum ersten Mal schriftlich niedergelegt wurden, waren es aller Wahrscheinlichkeit nach schon nicht mehr genau die Worte, die Jesus verwendet hat.

Vergegenwärtigen wir uns kurz die historische Situation, in der die Jesus-Bewegung mit ihren verschiedenen Fraktionen entstand, aus der schließlich die Evangelien und die anderen Texte des Neuen Testaments hervorgingen. Die Zeit nach

dem Ende des öffentlichen Wirkens Jesu, zur Mitte des ersten Jahrhunderts, war für das jüdische Volk äußerst schwierig. Leidgeprüft in der römischen Fremdherrschaft, spitzten Wirtschaftskrisen in vielen Teilen des römischen Reiches und Spannungen mit der Besatzungsmacht die Situation zu. Der gesamte kleinasiatische Raum war bereits seit vielen Jahrzehnten ein Sammelbecken von Philosophien, Weltanschauungen und Religionen. Hier trafen orientalische und abendländische Geistesströmungen aufeinander und führten zu einem lebendigen, äußerst vielschichtigen intellektuellen Konglomerat. Von Griechenland bis Ägypten mischten sich die unterschiedlichsten Anschauungen – kynische Bedürfnislosigkeit, epikureische Ausgeglichenheit, buddhistische Weltabgewandtheit –, und allenthalben zogen über die Marktplätze der großen Städte und durch die Wüstendörfer des Hinterlandes wandernde Weise, die ihre Lehren als inspirierte Apokalyptiker, Philosophen und Demagogen verkündeten. In den Zeiten der Krise waren auch die Juden für Heilslehren aller Couleurs besonders anfällig. Dennoch, die jüdischen und halbjüdischen Missionare, die in jener Krisenzeit Mitte des ersten Jahrhunderts in Kleinasien, Syrien, Mazedonien und Griechenland einen neuen Mysterienkult verbreiteten, aus dem das Christentum hervorgehen sollte, fielen wohl kaum auf. Eine Gruppe von vielen, die einen Meister, einen Lehrer, einen Propheten verehrten, Heil von ihm erwarteten und jene Ansichten verbreiteten, von denen sie annahmen, daß sie die Lehre eben dieses Meisters seien.
Paulus, ein Zeltmacher aus Zilizien, war der bekannteste dieser Missionare. Er entstammte einer reichen jüdischen Familie und hatte über seinen Vater das römische Bürgerrecht erhalten, das ihm gestattete, seinen jüdischen Namen Saul in Paulus umzubenennen. In jungen Jahren wurde er

bei Gamaliel I. in Jerusalem in pharisäischem Sinne erzogen, erhielt eine umfassende Bildung, beherrschte Griechisch souverän und kannte sich gut in Dichtung und Philosophie aus. Paulus war der erste, der konsequent versuchte, die Jesus-Anhänger, die in Jesus den Messias sahen und auf ein Kräftemessen mit den Römern hinarbeiteten, von solcher revolutionärer Gesinnung abzubringen. Was ihn beunruhigte, das war die jüdische Propaganda gegen die Römer im Namen Jesu. In dieser setzten revolutionäre Kräfte den Römern die Verheißung eines Himmelreiches auf Erden entgegen, das der Messias errichten würde. Ein Großteil der jüdischen Jesus-Anhänger folgte dieser Linie. Der römische Bürger Paulus indes wollte unter allen Umständen eine gewaltsame Auseinandersetzung mit Rom vermeiden. Er setzte deshalb alles daran, den Massen einen Messianismus zu verkünden, der nicht materialistisch, sondern vergeistigt war. »So ging Paulus zu den Massen und sprach ihre Sprache. Er predigte eine Mysterienreligion, die den Jesus Christus der revolutionären Propaganda in einen göttlichen Geist verwandelte, durch den sterbliche Menschen zur Unsterblichkeit gelangen konnten. Er verlegte das Reich Gottes von dieser Welt in die kommende.«[14]

In diesen Ideen liegt die Geburtsstunde des Christentums. Was heute als Kirche und Christentum bekannt ist, nahm hier seinen Anfang. Der Mensch Jesus hatte sehr wenig damit zu tun. Der Mensch Jesus hatte auch, wie gezeigt, sehr wenig mit der revolutionären Gesinnung und den apokalyptischen Erwartungen zu tun, die Paulus bei den Jesus-Anhängern bekämpfte. Ganz offensichtlich wurden schon wenige Jahre nach der Kreuzigung die authentischen Anliegen Jesu von den Interessen und Motiven der Anhänger in den Hintergrund gedrängt. Schon 1903 wies William Wrede

(1859–1906) in seiner wichtigen Schrift »Das Messiasgeheimnis in den Evangelien« darauf hin, daß der Glaube an Jesus als Messias erst lange nach der Kreuzigung unter den Anhängern der Jesus-Bewegung entstanden ist. Mit ungeschichtlichen literarischen Mitteln wurde in den Schriften der Bewegung versucht, diese Tatsache zu verdecken.
Jesus freilich wußte von einem »Christus« nichts, auch nichts von seiner angeblichen Erlöserrolle. Die Kerngedanken des Christentums gehen ausschließlich auf den durch Paulus zum Gott erhobenen Christus zurück. Umgekehrt – und das muß jeden Christen verwundern – wußte Paulus so gut wie nichts vom Leben und den Lehren des Menschen Jesus. Die moderne Textkritik konnte das nachweisen, und es war wahrlich nicht leicht, diesen Befund zu erbringen. Denn fast alle unter dem Namen des Paulus im Neuen Testament zusammengefaßten Briefe sind Fälschungen. Nur sehr geringe Teile einiger weniger Briefe gehen auf Paulus zurück. Der Rest sind Interpolationen, Anreicherungen und Neuschöpfungen seiner Anhänger aus späterer Zeit. Die Motive, die zu diesen Fälschungen führten, sind vielfältig und können hier nicht im einzelnen dargestellt werden. Aber sie haben alle eine »religionspolitische« Basis.
Die große Leistung des Paulus war gleichzeitig eine Absage an die ursprünglichen Lehren Jesu. Paulus erfand die Auferstehung und stellte sie in das Zentrum seiner Theologie. Aber er dachte die Idee der Auferstehung nicht in leiblicher Form. Paulus meinte ein überirdisches Geschehen. Damit versuchte er, die revolutionäre Gesinnung unter den Juden, die ganz auf einen Sieg und eine Heilszeit im Diesseits ausgerichtet war, auf eine geistige Ebene zu verlagern. Auf diese Weise, so hoffte er, ließe sich eine aussichtslose Konfrontation mit Rom vermeiden und zudem eine Religion formen,

die vielen verständlich sein würde, denn ihre Grundgedanken waren in den Weltanschauungen der antiken Welt sowohl in Rom wie in der kleinasiatischen Region vielen geläufig. Sie fanden sich in den heidnischen Mysterienreligionen und den Gedankengebäuden der gnostischen Schulen. Entsprechend läßt Paulus im 1. Korintherbrief das Schlagwort für die Durchhalteparolen der jüdischen Massen bei ihrem Kampf gegen die Römer, das »Reich Gottes auf Erden«, verschwinden. Das »Reich Gottes« ist für Paulus nicht aus Fleisch und Blut und findet nicht auf Erden statt. Es ist ein Reich, das nicht von dieser Welt ist.

Paulus versuchte mit seiner Religion vor allem die höheren Schichten der Bevölkerung zu erreichen. Zu seinen wichtigsten Anhängern zählten ehrbare Bürger wie er selbst, etwa Gajus und Stephanus in Korinth, Erastus, »der Stadt Rentmeister« (Römer 16,23), Aquila, wie Paulus Handwerksmeister, und Philemon, der Sklavenbesitzer. Diese Leute hielten nichts vom Widerstand gegen das Kaiserreich. Sie erkannten sehr gut, daß er aussichtslos war und zudem ihren eigenen Interessen zuwiderlief. Vielmehr trachteten sie danach, eine Religion zu entwickeln, die von Rom toleriert werden konnte. Die vergeistigte Version des Messianismus sollte dies bewerkstelligen. Paulus erhoffte sich zudem den Zuspruch eines Großteils der Bevölkerung. Viele Menschen im römischen Reich waren gegen die Staatsreligion eingestellt und philosophisch-religiösen Missionsbewegungen gegenüber aufgeschlossen. Der große Erfolg der materialistischen epikureischen Philosophie unterstreicht dies. Die Lehre Pauli bot wie die Epikurs eine der Staatsreligion entgegengesetzte Ideologie. Eine Ideologie, die Kameradschaft von Männern und Frauen, Reichen und Armen, Sklaven und Freien versprach. Für viele unterschiedliche Positionen und soziale Schichten konnte die Lehre des Paulus somit attraktiv werden, zumal sie zu ihren Grundlagen das Judentum, den Platonismus, den Stoizismus und die Mysterienreligion hatte.

Der Erfolg des paulinischen Glaubens wurde aber zuletzt von einem bedeutenden Umbruch in der Gesellschaftsordnung der antiken Welt begünstigt, dem Zusammenbruch der Sklaverei im römischen Reich. Die Religion des Paulus versprach Privilegierten und Unterprivilegierten die wahre Befreiung und Erlösung in einer anderen Welt, auch wenn in dieser die Gegensätze und Ungerechtigkeiten niemals verschwinden werden.

Die größte Gefahr für das Gelingen von Pauli Vorhaben kam indes nicht von außen, sondern vielmehr von der jüdischen Fraktion der Christen, die nach wie vor kämpferischen Parolen huldigte und sich keineswegs dem Kaiserreich anzubiedern gedachte. Es war diesem Zweig der Jesus-Anhänger zuzuschreiben, daß die christliche Bewegung im Jahr 64 die Bühne der großen Geschichte betrat. In diesem Jahr wurde der größte Teil Roms das Opfer einer verheerenden Feuersbrunst. Kaiser Nero (37–69), der Brandstifter, schob sie den Christen in die Schuhe, um den Verdacht von sich abzulenken. Nero ließ zahlreiche Christen grausam hinrichten, so daß sich im Volk Mitleid erhob, denn, schreibt Tacitus, »wie es schien, wurden sie nicht zum Besten des Volkes vernichtet, sondern um eines Mannes Grausamkeit zu befriedigen«.[15] Diese Christen waren Anhänger eines jüdischen Messias oder Christus, also jüdische Revolutionäre, und deshalb in den Augen der Römer durchaus gefährlich. Aber Neros Anschuldigungen wurden letztlich vom Volk nicht ernst genommen.

Die Stunde der Propheten

Durch das Zeugnis von Flavius Josephus sind wir über die religiös-politischen Gruppen und Ereignisse aus den Jahrzehnten vor dem Jüdischen Krieg sehr gut informiert. Sie zeigen, gegen welche kämpferische Gesinnung im Volk Paulus mit seiner neuen Religion anzukämpfen hatte. Sie zeigen aber auch, zu welchen Zwecken Jesus und seine Lehre mißbraucht wurden.

Josephus berichtet etwa von gewissen »Gauklern und Betrügern«, die unter dem Vorwand, »vom göttlichen Geist erfüllt zu sein«, Rebellionen hervorriefen und aufrührerische Reden führten.[16] Sie versammelten bisweilen große Anhängerscharen um sich und wurden als Erretter verehrt. Sie stachelten das Volk auf und führten es in die Wüste, wo Gott Wunderzeichen geben würde als Ankündigung der Befreiung vom Joch der Fremdherrschaft. Offensichtlich wollten sie in einer Wiederholung der Geschichte einen neuen Exodus in die Wüste betreiben. Diese selbsternannten Propheten kamen von überall her, aus Galiläa, Judäa und Samaria, aber auch aus Ägypten, wo sich neue Ideen, die dazu angetan sein konnten, mächtige Wirkung auf das unterdrückte Volk auszuüben, am raschesten ausbreiteten. In Samaria sei nach Josephus beispielsweise ein Prophet aufgetaucht, der sich als Anführer einer Guerilla-Truppe und als Wundermann einen Namen machte. Das Zauberhandwerk hatte er offenbar von seinem Vater erlernt, der in dieser Kunst in Ägypten eingeweiht worden war. Die Römer vermuteten, daß auch Gruppen von Meuchelmördern unter der Anführung solcher »Propheten« standen.

Als Paulus gefangen genommen wurde, glaubte der Hauptmann, er sei der ägyptische Anführer einer Bande von Sikariern (Apg 21,38). Die Sikarier (»Dolchmänner«) bildeten die berüchtigtste Fraktion religiöser Eiferer. Sie waren die verschlagenen Untergrundkämpfer unter den zelotischen Pharisäern. Die Zeloten (»Eiferer«, »Fanatiker«) waren haßerfüllte Fundamentalisten, stets zum Kampf wider ihre Gegner bereit. Übertroffen wurden sie nur von den Sikariern. Diese zogen bei günstiger Gelegenheit die Waffe, die sie stets bei sich trugen, unter dem Mantel hervor und räumten ihre politischen Widersacher einfach durch einen Dolchstoß aus dem Weg. Der Ägypter, mit dem der Hauptmann Paulus verwechselte, erzählt Josephus,[17] habe nicht weniger als 30 000 Anhänger um sich geschart, mit denen er zuerst in die Wüste zog, dann auf den Ölberg. Von dort wollte er mit seinen Männern in einer Endschlacht Jerusalem einnehmen. Allerdings gedachte er es in derselben Weise zu tun wie der berühmte alttestamentliche Kriegsherr Josua, in dessen Namen er angetreten war, die Geschicke des Volkes in die Hand zu nehmen. Auf sein Geheiß hin sollten die Mauern Jerusalems zusammenstürzen, wie einst jene Jerichos unter dem Posaunenschall der Armee Josuas, und seine Meute hätte dann ungehindert in die Stadt eindringen sollen. Aus dem Vorhaben wurde nichts. Der Haufen um den Ägypter wurde vom römischen Statthalter Felix aufgerieben.

Ein anderer »Prophet« dieser Art sei mit seinen Scharen an den Jordan gezogen und versprach die Teilung der Fluten des Jordans, gleichfalls wie einst unter Josua das Volk Israel hinter der Bundeslade trockenen Fußes den Jordan überquerte (Jos 3,1–17). Er endete im römischen Gefängnis, wo er, wie vor ihm der berühmteste Jordan-Prophet, der Täufer Johannes, enthauptet wurde.[18]

Die Zeiten waren äußerst gefährlich, Rebellionen an der Tagesordnung, hartes Durchgreifen der Besatzungsmacht ebenso. Auffällig an den aufrührerischen Propheten der Epoche ist der Zug, daß sich viele von ihnen auf Josua ben Nun als das große mythische Vorbild des Befreiers beriefen, der die Israeliten gegen Kanaan führte. Der Name Jesus ist nun nichts anderes als die griechische Übersetzung von Josua und bedeutet »Jah[19] ist Erlösung«. Im Andenken der Juden blieb Josua der Prototyp des Befreiers von der Fremdherrschaft.

Ein weiterer Jesus beunruhigte die Bevölkerung von Jerusalem in den Jahren vor ihrer Zerstörung von 70 n. Z. Er war ein einfacher Bauer, ging täglich zum Tempel und rief rätselhafte Orakelworte über den bevorstehenden Fall der Stadt aus. Einige führende Bürger zeigten sich derart beunruhigt, daß sie ihn auspeitschen ließen. Doch er stieß unermüdlich seine Warnungen weiter aus. Man vermutete, daß er von Dämonen besessen war und führte ihn vor den römischen Statthalter Albinus. Auch dieser ließ ihn auspeitschen. Jesus aber zeigte sich davon völlig unbeeindruckt und schrie nur: »Verdammt bist du, Jerusalem!« Albinus erklärte ihn für verrückt und entließ ihn. Sieben Jahre und fünf Monate rief Jesus beständig seine Verdammungen gegen die Stadt, das Volk und sich selbst aus, bis Jerusalem zerstört wurde und er selbst bei einem Angriff ums Leben kam.[20]

Auf dem Hintergrund der hellenistischen Form des Wiedergeburtsglaubens war man bei großen Persönlichkeiten geneigt, an eine Kontinuität des Geistes des auserwählten Volkes in verschiedenen Verkörperungen zu glauben. Die im wahrsten Sinn des Wortes »begeisterten« Führerpersonen wurden darum von ihren Anhängern als Wiedergeburten Josuas verstanden, oder sie haben sich selbst als eine solche empfunden. Es mag also durchaus sein, daß der Name Jesus in jener Zeit als Eigenname weniger in Gebrauch war, denn als Titel oder Bezeichnung für einen, der eines göttlich angeregten Amtes als Befreier waltete. Wir müssen deshalb auch Zweifel anmelden, ob Jesus überhaupt diesen Namen trug, oder ob er ihm von seinen Anhängern, vielleicht erst um die Zeit des jüdischen Krieges, verliehen wurde, als es von solchen wiedergeborenen Josuas/Jesusen wimmelte. Die Theologen haben diesen Umstand übrigens absichtlich als »Fußnote« behandelt, um die Einmaligkeit des christlichen Erlösers Jesus nicht zu gefährden. Aber eines ist klar: Die Biographie von Jesus in den Evangelien wurde genau diesem Schema der kämpferischen Vorbilder aus der Zeit des jüdischen Krieges angepaßt.

In diesem Zusammenhang muß die Frage gestellt werden, inwiefern die Jesusüberlieferung in diesen Punkten historische Glaubwürdigkeit beanspruchen darf. Hatten die Mitglieder der Jesus-Bewegung ihren Führer nur »Jesus« genannt, um ihn in eine Reihe mit den anderen rebellischen Propheten zu stellen? Wenn wir annehmen, daß dieser austauschbare Anteil an der Jesus-Biographie dennoch weitgehend authentisch ist, dann verliert Jesus ein Gutteil seiner Einmaligkeit. Er ist dann nur einer unter vielen zelotisch ausgerichteten »Schwarmgeistern«, umgetrieben von der endzeitlichen Naherwartung eines vom fremden Joch endgültig befreiten Israel. Dieses Bild will aber gar nicht zu den wahren Worten Jesu passen. In ihnen erweist sich Jesus als von Mitgefühl und Liebe erfüllt und pazifistisch bis zur äußersten Konsequenz. Die Vermutung liegt nahe, daß in Wahrheit die Träger der Jesus-Bewegung den eschatologischen Jesus, der drohende Weherufe gegen ganze Städte und Stände ausstößt, nach den Vorbildern der Zeit geformt haben. Sie modellierten »ihren« Jesus mit kämpferischem Unterton ganz entgegen seiner Lehre nach den Anforderungen der Zeitumstände. Die Jesus-Leute wollten ihren Meister nachträglich »aufbauen« als *den* überragenden Propheten, der schon vor vielen Jahren den endgültigen Sieg der Rechtschaffenen unter den Israeliten vorhergesagt hatte, der darüber hinaus diese letzte Phase für die »Auserwählten unter dem auserwählten Volk« eingeleitet habe.

Aus der ursprünglichen Jesus-Bewegung hatte sich im Angesicht der bedrohlichen Zeiten eine apokalyptische Sekte gebildet. Aus Frustration über ihre Erfolglosigkeit wurden sie immer mehr zu Wander*propheten*. Das zeigt sich in den entsprechenden Änderungen und Anreicherungen der Spruchquelle Q. Dennoch war ihr zentrales Anliegen nicht die politische Herrschaft, wie sie von den prophetisch-zelotischen Charismatikern angestrebt wurde, sondern die Identifikation mit den sozial diskriminierten Gruppen, die in ihren Augen das Gottesvolk schlechthin darstellten. Als sie in den Vorboten der Kriegswirren zu erkennen glaubten, daß die Gottesherrschaft unmittelbar bevorstehe, verstärkten sie ihre Anstrengungen, das Gottesvolk zu sammeln, und setzten dadurch einen Prozeß in Gang, der sich immer weiter von der ursprünglichen Lehre Jesu weg bewegte.

Mündliche Überlieferung und erste Aufzeichnungen

Es waren diese Entwicklungen, die zu dem führten, was Paulus unter allen Umständen zu vermeiden versucht hatte. Der lange erwartete jüdische Aufstand gegen Rom brach aus und endete in einer Katastrophe für das jüdische Volk und damit auch in einer Katastrophe für die Jesus-Anhänger. Jerusalem wurde im Jahr 70 von den Römern erobert, und

73 wurden die letzten Aufständischen in der Festung Massada aufgerieben. Viele Juden und Judenchristen, die von messianischen Hoffnungen erfüllt waren, sahen in den Ereignissen der Jahre 66–73 das erwartete endzeitliche Geschehen. Allerdings kam nicht die Herrschaft des Messias, sondern sie blieben fest im Griff des römischen Imperiums.
Die auf Nero folgende flavische Dynastie mit Vespasian (69–79), Titus (79–81) und Domitian (81–96) führte die Politik der Ausbeutung und Unterdrückung fort. Wer das Gemetzel in Judäa überlebt hatte, floh in die Mittelmeerstädte der umliegenden Länder. Die reichen Juden arrangierten sich mit Rom und gehörten zu den eifrigsten Denunzianten der übriggebliebenen Revolutionäre.
Aller Wahrscheinlichkeit nach waren es diese geflohenen Aufrührer, von Haß und Rachegedanken gegen Rom erfüllt, die verstärkt jene apokalyptischen Geschichten und kämpferischen Parolen verbreiteten, die um diese Zeit in die Evangelien Eingang fanden. Es steht außer Zweifel, daß die synoptischen Evangelien unter dem unmittelbaren Eindruck des jüdischen Krieges geschrieben wurden. Während die messianischen Juden ob der völlig unerwarteten Niederlage verzweifelten, konnte die jüdische Sekte der Christen mit einer Erklärung aufwarten. Die Juden hatten den wahren Messias nicht erkannt und abgelehnt. Aus diesem Grund kam die vernichtende Niederlage gegen Rom als göttliches Strafgericht auf sie herab. In ihren Augen aber gab es einen Trost und eine mächtige Hoffnung. Jesus, der ermordete Messias, wird dereinst zurückkehren und sein Reich auf Erden begründen. Unter den schrecklichen äußeren Eindrücken begann man unter diesem Gesichtspunkt die Biographie vom »Messias Jesus« zu erfinden. Mit Wundergeschichten wurde sein unbekanntes Leben ausgeschmückt, da die Propheten

verkündet hatten, daß in der messianischen Zeit die Blinden sehen, die Tauben hören, die Stummen sprechen und die Lahmen gehen würden. Die ersten erfundenen Lebensgeschichten Jesu waren primär von zelotischem Geist durchdrungen. Sie waren unversöhnlich und revolutionär – ganz im Gegensatz zum Menschen Jesus, über dessen wahre Lehre und Handeln während der kurzen Zeit seines öffentlichen Auftretens vor einer Generation nur noch Bruchstücke bekannt waren.

Die wenigen echten Teile der Paulusbriefe stammen aus der Zeit vor dem Jüdischen Krieg. Sie entstanden zwischen 50 und 60. In dieser Periode zirkulierte auch die erste Auflage der Spruchquelle Q, und bald danach muß ein »Evangelium der Wunderzeichen« in Umlauf gewesen sein, das dem Autor des Johannesevangeliums als Vorlage diente und auch auf das Sondergut bei Matthäus und Lukas gewirkt hat. Markus verfaßte sein Evangelium zur Zeit des Falls von Jerusalem (um das Jahr 70), Matthäus etwa 15 Jahre später, Lukas und Johannes wenige Jahre vor dem Ende des ersten Jahrhunderts.

Diese vier Evangelien, die Teil des Neuen Testaments sind, stellen eine willkürliche Auswahl aus einer weit größeren Zahl von Evangelien und Texten dar, die vor der Kanonisierung in den verschiedenen Gemeinden von Jesus-Anhängern in Gebrauch waren. In der Frühzeit der christlichen Bewegung war die Vielfalt der oft widersprüchlichen Schriften so groß, daß einige führende Köpfe der jungen Kirche nur eine Lösung sahen, die Gemeinde vor der Zersplitterung in zahlreiche Sekten zu bewahren: die Zusammenstellung eines Schriftkanons und die Verdammung jener Texte, die darin keinen Platz finden würden. Diese ausgesonderten Schriften werden als Apokryphen (»verborgene Bücher«) bezeichnet.

Man muß anerkennen, daß schon die frühen Theologen vor einem Problem standen. Sie kannten eine mündliche Überlieferung, die als Rechtfertigung ihrer eigenen Ämter und Würden und ihres Handelns und Denkens diente. Sie waren mit Schriftstücken konfrontiert, die auf dieser Überlieferung fußten, aber bei aller Übereinstimmung auch unterschiedliche Ideen beinhalteten und verschiedene »Philosophien« verkörperten.

In seiner ursprünglichen Bedeutung ist Evangelium (Εὐαγγέλιον) kein literarischer Begriff. Er entstand in der Missionssprache der frühen Christen und bezieht sich auf die Heilsbotschaft (»Frohe Botschaft«) des zum Christus erhobenen Jesus. Vor allem in den Paulusbriefen wird der Begriff häufig verwendet. Gemeint ist aber immer eine *mündliche* Botschaft und ihr Inhalt. Diese Botschaft ist eine und nur eine. Aus diesem Grund wird der Begriff immer ausschließlich im Singular gebraucht. Die Überschrift der Evangelien bewahrt noch eine Erinnerung daran: Evangelium »nach« Matthäus etc.

In den urchristlichen Gemeinden sprach man also nur von *dem* Evangelium. Die Jesus-Bewegung entwickelte sich allerdings schon früh in viele verschiedene Richtungen, und es lagen viele unterschiedliche Evangelien vor. Heute sind uns etwa 20 Evangelien bekannt. Von den erhaltenen Fragmenten unbekannter Evangelien läßt sich schließen, daß es viel mehr solcher Sammlungen gegeben haben muß, die sich unterschieden und verschiedene Zwecke zu erfüllen hatten. Wie viele Änderungen und Wandlungen die mündliche und schriftliche Überlieferung in den verschiedenen Fraktionen der Jesus-Bewegung durchgemacht haben muß, können wir anhand der ältesten Evangelienhandschriften, welche auf uns gekommen sind, ermessen. Diese wurden annähernd zwei-

hundert Jahre nach der Kreuzigung Jesu verfaßt. Vergleichen wir sie, dann zeigt sich, daß keine dieser Schriften einer zweiten genau gleicht. Man kann sich die Schwierigkeit, solche Handschriften richtig einzuordnen, leicht vergegenwärtigen. Stellen wir uns nur einmal vor, der älteste erhaltene Bericht über die Napoleonischen Kriege wäre eine 1980 verfaßte Handschrift! Das Problem sollte gelöst werden, indem verschiedene Evangelien und andere Schriften zusammengefaßt wurden. Nur sie sollten die rechtmäßige Lehre verkörpern, denn immerhin war der Inhalt dessen, was man unter *dem* Evangelium verstand, nicht die irdische Geschichte Jesu, sondern nicht weniger als er selbst als Christus, Gottes Sohn. Alle unter der Perspektive der Kirchenführer unpassenden diesbezüglichen Schriften galten als ketzerisch. Die Lösung dieses Problems nahm einige Jahrhunderte in Anspruch. Die Voraussetzung dafür war aber, daß man im zweiten Jahrhundert den Gebrauch des Begriffs Evangelium als Bezeichnung für die Evangelien-Schriften auch im Plural durchsetzte. Freilich entstand dadurch auch die paradoxe Situation, daß man eine einzige, unantastbare, göttlich inspirierte Botschaft voraussetzte, die allerdings in unterschiedlichen, auch widersprüchlichen Texten festgehalten wurde.
Und Widersprüche gibt es auch innerhalb jeweils eines Evangeliums genug. Der Grund dafür ist, daß kein Evangelist Augen- und Ohrenzeuge der Taten und Lehren Jesu war. Die Autoren der Evangelien haben vielmehr gesammelt, was ihnen an mündlicher Tradition über Jesus und an Schriften der Jesus-Bewegung vorlag. Man kann sich diesen Hergang anschaulich anhand der Arbeitsweise des Markus verdeutlichen. Die Forschung hat ergeben, daß das Markusevangelium die Frucht einer Schreibtischarbeit darstellt. Markus hatte vor sich zusammenhängende Wundergeschichten aus-

gebreitet, Sammlungen von Verkündigungserzählungen in verschiedenen Stadien der Verarbeitung, eine unvollständige Auslese von Sprüchen Jesu, Bemerkungen zu Parabeln, die Schriften des Alten Testaments und der Propheten, Aufzeichnungen über den Christus-Kult usw. Auch andere typisch jüdisch-hellenistische Literatur, einschließlich buddhistischen Materials muß Markus in seiner Handbibliothek zugänglich gewesen sein. Sein Studierzimmer beschreibt der Religionshistoriker Burton L. Mack als einen Ort, an dem ein lebhafter Ideenverkehr stattfand und literarische Experimentierkunst an der Tagesordnung war.[21] Matthäus und Lukas, denen das Resultat der Arbeiten des Markus vorgelegen hatte, sind literarisch in ähnlich eklektischer Weise vorgegangen. Dasselbe gilt für das am spätesten entstandene Evangelium des Johannes, das außerdem einem eigenständigen Traditionskreis verpflichtet ist.

Die Schriften finden zueinander – die Geburt des Kanons

Der erste, der sich daran machte, heilige von unheiligen Schriften zu trennen, war Marcion (um 85–160). Kurz nach 140 – ein Jahrhundert nach der Kreuzigung – schuf er die erste Zusammenstellung von Evangelien. Das Alte Testament fand bei ihm keine Berücksichtigung. Im Zentrum seiner Kompilation stand eine verstümmelte Fassung des Lukasevangeliums, aus dem er die Kindheitsgeschichte entfernte, die er als legendär zurückwies. Zu seiner Auswahl gehörten auch die Paulusbriefe. Allerdings, die sogenannten »Pastoralbriefe« (die beiden Briefe an Timotheus und der Brief an

Titus) fehlen in seiner Zusammenstellung, ebenso der Hebräerbrief. In den von Marcion gesammelten Briefen sind die Hinweise auf einen jüdischen Ursprung des Christentums gründlich beseitigt worden. Obwohl Marcion mit seiner Zusammenstellung Vorreiter für die katholische Kirche wurde, fand er bei den »rechtgläubigen« Christen keine Gegenliebe. Zu gefährlich erschienen der römischen Gemeinde die Ideen Marcions und zu mächtig seine Kirche.

Marcion wurde in Sinope geboren, wo er bald zu einem erfolgreichen Reeder und Kauffahrer aufstieg. Als reicher Unternehmer begann er sich eingehend mit theologischen Fragen auseinanderzusetzen, vertrat gnostische Gedanken und schuf, als Ersatz für das Alte Testament, eine eigene Heilige Schrift. Hippolyt zufolge war er Anhänger der Kyniker. Als der Versuch, die römische Kirchengemeinde mit der Spende einer ungeheuren Summe Geldes auf seine Seite zu ziehen scheiterte, schuf er eine Gegenkirche. Ganz in gnostischem Sinn betrachtete er den jüdischen Gott des Alten Testaments nur als Schöpfer der Welt (»Demiurg«), und da jede Schöpfung als böse erachtet wurde, war der Demiurg ein böser Gott. Ihm entgegen stehe der »fremde« Gott, der mit aller Schöpfung nichts zu tun habe und dem Lichtreich des reinen Geistes zugehöre. Dieser Gott der Liebe habe aus Gnade Christus in einem Scheinleib als Welterlöser gesandt.

Die Lehre des Marcion, mit ihren auffallenden griechischen und gnostischen Elementen, schickte sich an, zur Weltreligion zu werden und die römische Kirche zu verdrängen. »Marcion«, schreibt Elaine Pagels, »ein Christ aus Kleinasien, war beeindruckt von dem, was sich ihm als Gegensatz darstellte zwischen dem Schöpfergott des Alten Testaments, der Gerechtigkeit fordert und jede Verletzung seines Gesetzes bestraft, und dem Vater, den Jesus verkündigt, dem neutestamentlichen Gott der Vergebung und der Liebe. Warum, fragte er, sollte ein Gott, der allmächtig ist, eine Welt schaffen, in der es Leiden, Kummer, Krankheit, ja sogar Moskitos und Skorpione gibt? Marcion kommt zu dem Schluß, daß es sich um zwei verschiedene Götter handeln müsse.«[22]

Mit solchen Vorstellungen waren die Führer der Christen in Rom nicht zu gewinnen. Die römische Gemeinde exkommunizierte Marcion um 144 und formulierte als Antithese zu seiner Zweigötterlehre das noch heute verwendete apostolische Glaubensbekenntnis von dem einen Gott, der beides ist, »allmächtiger Vater« und »Schöpfer des Himmels und der Erde«.

Mit Marcion mußten sich die Führer der römischen Gemeinde indes zwangsweise auseinandersetzen, denn im zweiten und auch noch im dritten Jahrhundert war die marcionitische Kirche der katholischen an Macht und Einfluß weit überlegen. Sie brandmarkten diesen »wichtigsten Theologen des zweiten Jahrhunderts«[23] als die Inkarnation des Bösen, den Erzketzer schlechthin.

Marcion, der einer der wichtigsten Verfechter des asketischen Ideals war, griff bei seiner Zusammenstellung der Evangelien bereits massiv in die vorliegenden Quellen ein. Er führte eine Art der Textredaktion ein, die in der Kirche später zum Normalfall werden sollte. Bei Marcion war es vor allem die Bereinigung der Schriften durch die »jüdische Textüberfremdung«. Auch wenn Marcions Kirche im vierten Jahrhundert unterging, seine gnostische Theologie überlebte im Neuen Testament, in angeblichen Briefen des Paulus nämlich, der Marcions großes Vorbild war und die in Wahrheit dieser Häretiker zur Legitimation seiner Kirche selbst gefälscht hatte. Die Briefe wurden dann von der

römischen Kirche übernommen und nach Bearbeitung dem Schriftkanon hinzugefügt.
Warum hatten bei Marcion, diesem ausgeprägten Verehrer des Paulus, die Pastoralbriefe in seinem Kanon keine Aufnahme gefunden? Die Antwort ist einfach, erschreckend und typisch für den Umgang der frühen Kirche mit »heiligen Schriften«. Paulus hatte die Pastoralbriefe niemals geschrieben. Auch Marcion hatte sie nicht gefälscht. Vielmehr wollte die Anti-Marcionitische Gegnerfraktion der mächtigen Kirche des Ketzers einen entscheidenden Schlag versetzen. Sie war es, welche die drei Pastoralbriefe unter dem Namen des Paulus fälschte und in Umlauf brachte. Damit sollte Paulus – der Kronzeuge der Marcionitischen Kirche – als Gegner der Grundideen Marcions aufgebaut werden. In diesen Briefen wird mit unverhohlener Aggression gegen die Ketzer gepredigt, aber ebenso gegen die Juden und gegen die Frauen. Erstaunlich ist, daß sich ausgerechnet diese gefälschten Briefe unter den Katholiken allergrößter Beliebtheit erfreuten.[24] Der »Paulus«, der aus diesen Briefen spricht, ist jener, dem am meisten Bewunderung gezollt wurde. Diese Fälschungen waren es, durch die Paulus schließlich kirchenfähig gemacht wurde und die das Paulusbild in den folgenden Jahrhunderten prägten. Der Paulus, der aus den anderen Briefen bekannt war, trug im Gegensatz dazu deutlich ketzerische Züge.
Schon die Tübinger Schule unter Ferdinand Christian Baur ließ von den restlichen zehn Paulusbriefen (die Pastoralbriefe und der Hebräerbrief wurden schon früher als Fälschungen erkannt) nur die vier »großen Briefe« (den Römerbrief, die beiden Korintherbriefe und den Galaterbrief) als paulinisch gelten. In neuerer Zeit hat die Erforschung der Briefe im Neuen Testament durch einen radikalen Zweig der

Textkritik (»holländische radikale Kritik«) zu der Überzeugung geführt, daß alle Paulusbriefe Fälschungen aus dem zweiten Jahrhundert seien.[25] Marcion habe in seinen Fälschungen zur Legitimation seiner Kirche ein Bild von Paulus entworfen, das auf die legendäre Gestalt des Samaritaners Simon Magus zurückgeht. Seine Konkurrenzreligion war im zweiten Jahrhundert in Samarien weit verbreitet. Lukas hatte Simon als Erzzauberer dargestellt. Simons Selbstbezeichnung als »große Kraft Gottes« (Apg 8,10) weist ihn als gnostisch-prophetisch Inspirierten aus. Tatsächlich bezeichneten ihn die Kirchenväter als Begründer der Gnosis.

Der Radikalkritik zufolge habe sich später die katholische Kirche die gefälschten Paulusbriefe angeeignet und überarbeitet. In den Paulusbriefen wechseln sich marcionitische Elemente und katholische Einschübe ab. Typisch gnostisch und marcionitisch ist beispielsweise die Rede vom »Äon der Welt«, dem »Beherrscher der Macht in der Luft« (Eph 2,2). Die Stelle bezieht sich ohne Zweifel auf den gnostischen Demiurg und seine Engelsmächte (*Stoicheia*).[26]

Papias von Hierapolis, einer der »Apostolischen Väter«, versuchte sich ebenfalls an einer Zusammenstellung der Evangelien. Um das Jahr 130/140 verfaßte er eine einflußreiche Schrift, die bis auf wenige spätere Zitate leider verlorengegangen ist. Darin kommentierte er Worte und Taten Jesu, die angeblich auf eine besondere mündliche Tradition zurückgingen. In seinen Augen waren die vorliegenden Texte keineswegs »heilige Schriften«. Das Markus- und das Matthäusevangelium erschienen ihm literarisch unzureichend. Matthäus galt ihm als problematisch durch seine Verhaftung an die jüdische Darstellung. Papias erwähnt Paulus überhaupt nicht, auch über das Lukasevangelium sagt er nichts. Seine Zusammenstellung von Evangelien und mündlicher Überlieferung scheiterte am Widerstand der einzelnen Gemeinden.

Etwa um dieselbe Zeit bezeichnet der heilige Justin die Evangelien als »Denkwürdigkeiten«. Erst gegen Ende des zweiten Jahrhunderts werden Stimmen laut, die in den Evangelien und den Paulusbriefen »heiliges, göttliches Wort« erkennen wollen. Der erste, der dies ausspricht, ist Bischof Theophilus von Antiochien. Aber schon Theophilus wollte keineswegs die Schriften so stehen lassen, wie sie auf ihn gekommen waren. Bei aller »Heiligkeit« war er offenbar der Ansicht, daß einiges für die sich formierende Kirche unbrauchbar war und anderes eingefügt werden mußte. Auf diese Weise scheint er zum Verfasser der ersten »Evangelienharmonie« geworden zu sein. Doch auch um diese Zeit herrschte noch keinesfalls Einigkeit darüber, was als rechtmäßiges Evangelium zu gelten habe. Lange gab es Widerstände gegen das literarisch hochstehende Lukasevangelium, das aus der Feder eines gebildeten Mannes stammte, der einen souveränen Umgang mit der griechischen Sprache pflegte. Das Johannesevangelium hatte es noch schwerer, akzeptiert zu werden.

Jahrhunderte Uneinigkeit um die »heiligen Schriften«

Der nächste, der sich als Zusammensteller der Evangelien hervortat, war Tatian. Er stammte aus Mesopotamien und wurde in Rom durch Justin Martyr bekehrt. Doch auch Tatian brach im Jahr 172 wie Marcion einige Jahrzehnte davor mit der römischen Gemeinde. Nach seiner Rückkehr in die Heimat begründete er die ostsyrische Kirche. In seinen Ideen spiegelt sich sein griechischer Bildungsweg wider. Er war vom hellenistischen, besonders platonischen Gedankengut durchdrungen. Im Zentrum seines Denkens stand die Idee der als Einheit aufgefaßten göttlichen Wahrheit. Da sich die göttliche Wahrheit in allen heiligen Schriften in vergleichbarer Weise niederschlage, müssen die charakteristischen Züge der Evangelien miteinander harmonisch verbunden werden können. Von diesem Ansatz ausgehend unternahm er die älteste in syrischer oder griechischer Sprache abgefaßte »Evangelienharmonie«, das sogenannte Diatessaron (griechisch »durch [die] vier« Evangelien). Wir kennen das Diatessaron nur aus zweiter und dritter Hand. Einzig ein winziger Pergamentfetzen der Schrift ist auf uns gekommen.

Tatians Evangelienharmonie bediente sich auch apokrypher Schriften. Als chronologischer Rahmen diente ihm das Johannesevangelium. Dazu fügte er die synoptischen Evangelien unter Beimengung apokrypher Texte ein. In Syrien war das Diatessaron bis in das fünfte Jahrhundert hinein in kirchlichem Gebrauch. Es beeinflußte den griechischen Evangelientext, und das lateinische Diatessaron wirkte auf alle mittelalterlichen Evangelienharmonien. Die althochdeutsche Übersetzung, kurz »Tatian« genannt, entstand um 830 in Fulda unter Federführung des Erzbischofs von Mainz, Hrabanus Maurus (780–856). Allgemeine Gültigkeit erlangte das Diatessaron dennoch nicht.

Erst gegen Ende des zweiten Jahrhunderts (um 192) taucht zum ersten Mal der griechische Begriff für »Neues Testament« (eigentlich »der neue Bund«) auf. Der Kirchenvater Tertullian (ca. 160–220) übersetzt ihn mit »Novum Testamentum«. Die endgültige Gestalt dieses Neuen Testaments indes stand immer noch nicht fest. Das sollte lange Zeit so bleiben. Weit mehr als ein Jahrhundert mußte noch vergehen, bis sich die Bischöfe und Theologen auf eine allgemein akzeptierte Fassung verständigten. Tertullian übrigens ließ die Paulusbriefe als Teil der »Heiligen Schrift« gelten, allerdings war auch er sich nicht sicher, ob er Paulus, der unüberhörbaren gnostischen Untertöne wegen, als Häretiker brandmarken sollte. Immerhin nannte er ihn auch künftig »Apostel der Ketzer«.

Die »Heilige Schrift«, die man damals kannte, bestand weitgehend aus denselben Texten, die schon der Ketzer Marcion zusammengefaßt hatte: aus den Evangelien und den Paulusbriefen. Ob die Offenbarung des Johannes von Patmos und die Apostelgeschichte Aufnahme finden sollten, darüber stritt man jahrzehntelang. Sogar noch beim Konzil zu Konstantinopel (dem sogenannten Trullanum) im Jahre 692 verabschiedete die griechische Kirche Kanonverzeichnisse mit und ohne die Offenbarung des Johannes. Ähnlich uneins war man sich bezüglich der sogenannten »Katholischen Briefe«. Das sind jene Briefe, die nicht wie die dem Paulus zugeschriebenen den Namen der Empfänger, sondern den ihrer vermeintlichen Verfasser tragen: der Jakobusbrief, die beiden Petrusbriefe, die drei Johannesbriefe und der Judasbrief. Auch diese Briefe sind alle Fälschungen aus späterer Zeit, was den Kirchenlehrern durchaus bekannt war. Noch im frühen vierten Jahrhundert galten nur der erste Johannesbrief und der erste Petrusbrief als echt, obwohl noch nicht einmal der genaue und umfangreiche sogenannte Kanon Muratori – ein Katalog der Bücher des Neuen Testaments, von Muratori zwischen 190 und 200 in Rom zusammengestellt – den ersten Petrusbrief erwähnt. Ein schockierender Befund, zumal sich die römische Kirche auf Petrus als ihren Gründer berief. Schon am Ende des vierten Jahrhunderts waren die sieben Katholischen Briefe Teil des Kanons und als echt erklärt worden.

Doch damit nicht genug. Der wichtigste der sogenannten altkatholischen Väter, Irenäus, Bischof von Lyon, beispielsweise hatte aus seiner Zusammenstellung den Hebräerbrief ausgeschlossen, dafür den »Hirt« des Hermas – eine apokalyptische Bußpredigt – aufgenommen. Hermas war ein christlicher Schriftsteller, der um die Mitte des zweiten Jahrhunderts lebte. Nach dem Kanon Muratori war Hermas der Bruder des Bischofs Pius. Er gilt als einer der sogenannten apostolischen Väter sowie als der letzte »freie«, d. h. ämterlose Prophet der Kirchengeschichte, weil er keine Priesterweihe empfangen hatte. Hermas schrieb visionäre Eindrücke nieder, die er nicht direkt von Gott, sondern angeblich durch vermittelnde Engel erhielt. Bei ihm findet sich übrigens in der christlichen Literatur zum ersten Mal die Idee des Fegefeuers. Wie beliebt der »Hirt« des Hermas war, vermittelt der Umstand, daß Hermas' Schrift sich in einer der ältesten erhaltenen Handschriften des Neuen Testaments, dem erwähnten Codex Sinaiticus aus dem vierten Jahrhundert, befindet. Erst Athanasius (295–373) streicht den »Hirt« des Hermas endgültig aus dem Kanon, während er im Osten, zusammen mit dem Barnabasbrief und der Petrusapokalypse, noch lange in kirchlichem Gebrauch bleibt.

In Gebrauch als »heilige Schrift« bleibt auch lange Zeit die sogenannte »Didache« oder »Lehre der Zwölf Apostel«. Es handelt sich dabei um ein im ersten oder zu Beginn des zweiten Jahrhunderts in Syrien kompiliertes Handbuch mit Instruktionen an die Gemeinde. Eine antike Handschrift der Didache wurde 1883 in der Bibliothek von Konstantinopel des griechischen Patriarchen von Jerusalem entdeckt. Die Didache enthält eine Anzahl von Aussagen, die von den

Synoptikern Jesus zugeschrieben werden, in sehr ähnlicher Art wie in den Evangelien, allerdings ohne sie einer bestimmten Person zuzuweisen. Interessant ist das Christusbild der Didache. Christus ist kein Gott, sondern ein »Diener Gottes«. Gänzlich fehlt die bei Paulus formulierte Vorstellung eines Christus als eines in der christlichen Gemeinde wohnenden Geistes.

Es war der Kirchenlehrer Irenäus, der als Kriterium für die Authentizität der Evangelien entschied, daß die vier Schriften von Markus, Matthäus, Lukas und Johannes auf jeweils einen Jünger Jesu zurückgeführt werden können. Das erwies sich sicher schon damals als problematisch, denn wann und wie diese Evangelien entstanden sind, ließ und läßt sich auch heute nicht mit Sicherheit ermitteln, da weder eine Urschrift noch frühe Hinweise auf eine solche Urschrift vorhanden waren. Auf Jünger, die Jesus noch persönlich gekannt haben, geht mit Sicherheit keines der Evangelien zurück. Athanasius bestimmte 367 die Gestalt des Kanons, wie wir ihn heute kennen. Um ihm die allgemeine Anerkennung zu erleichtern, erfand er die Mär, daß diesen Kanon bereits die Apostel festgelegt hätten. Abgesegnet wurde der Kanon des Athanasius in der Folge mehrfach, bei den Synoden von Rom (382), Hippo Regius (393) und Karthago (397 und 419). So hatte erst Ende des vierten Jahrhunderts das Neue Testament seine endgültige Gestalt gewonnen. Erst Luther rührte heftig an diesem Kanon, was die katholische Kirche beim Konzil von Trient 1546 veranlaßte, den Kanon abermals als unantastbar zu bestätigen, zumal niemand anderer als Gott selber Autor der darin zusammengefaßten Schriften sei.

C Ein neuer Jesus –
der Schrecken der Fundamentalisten

*Das verlorene Spruchevangelium
kommt zum Vorschein*

Wenn wir uns heute auf die Suche nach den wahren Worten Jesu begeben, dann müssen wir vordringlich die Schatzkiste der Spruchquelle Q öffnen. Q besteht fast ausschließlich aus Sprüchen Jesu. Man nahm deshalb an, daß Q die mündliche Tradition widerspiegelte: Fragmente von Reden, Gleichnisse und Darlegungen Jesu, die man sich innerhalb der Jesus-Bewegung weitererzählte. Q muß als das Hauptreservoir für die authentischen Worte Jesu angesehen werden.
Glücklicherweise haben sich die Autoren des Matthäus- und des Lukasevangeliums offenbar sehr eng an das ihnen vorliegende Quellenmaterial angelehnt. Sonst gäbe es keine synoptische Tradition, und das Material der Spruchquelle wäre nie zutage getreten. Wie treu bisweilen die Vorlagen kopiert wurden, kann man daran erkennen, daß offensichtliche Widersprüche nicht bereinigt wurden. Bei der genaueren Analyse zeigt sich deshalb, daß Matthäus und Lukas sowohl verschiedene Versionen von Markus (Markus^{Mt} und Markus^{Lk}) als auch von Q (Q^{Mt} und Q^{Lk}) vorgelegen haben mußten. Die Unterschiede in den Doppeltraditionen von Matthäus und Lukas scheinen auf eine Vermischung von mündlichen

Überlieferungen und schriftlichen Versionen von Q zurückzugehen.
Lange Zeit glaubten die Wissenschaftler, daß die hypothetische Spruchsammlung Q nur aus mündlich weitergegebenen Jesusworten bestand. Die wenigsten nahmen an, daß auch Manuskripte einer solchen Sammlung in Umlauf waren, zumal es keine Fundstücke gab, die eine solche Annahme nahelegten. Diese Ansicht änderte sich schlagartig, als im Jahr 1946 ägyptische Bauern in Nag Hammadi bei Luxor in einem Grab eine Sammlung von alten Schriften entdeckten. Wie sich herausstellte, handelte es sich dabei um einen der bedeutendsten Schriftfunde überhaupt. Die Bauern hatten eine aus 49 Traktaten bestehende Bibliothek gnostischer und frühchristlicher Texte aus den ersten Jahrhunderten unserer Zeitrechnung gefunden. Unter den in koptischer (mittelägyptischer) Sprache abgefaßten Manuskripten befand sich auch eine vollständig erhaltene Kopie des sogenannten Thomasevangeliums. Bis dahin war es nur dem Namen nach aus den Schriften der Kirchenväter bekannt und aus einigen Papyrusfragmenten, die an der Wende zum 20. Jahrhundert in Oxyrhynchos (heute el-Behnesa) in Ägypten zum Vorschein gekommen waren.
Das Thomasevangelium ist ein echtes »Spruchevangelium«, ganz so, wie man es von Q vermutete. Es handelt sich um eine Sammlung von 114 lose aneinandergereihten Jesusworten. Tatsächlich fanden sich zahlreiche Parallelen zwischen Q und dem Thomasevangelium. Das Thomasevangelium ist also zweifellos eine Variante und Fortführung von Q, der alten Spruchsammlung der frühen Jesus-Anhänger, ohne daß ihre Eigenart grundsätzlich verändert wurde. Da die zahlreichen Aphorismen, die man im Thomasevangelium findet, zumeist weniger entwickelt sind als ihre parallelen Ver-

sionen in den Evangelien von Matthäus und Lukas, entstammen sie einer früheren Stufe im mündlichen Überlieferungsprozeß als jener, in der uns Q in den Evangelien von Matthäus und Lukas entgegentritt.

Die Existenz des Thomasevangeliums zeigt, daß durchaus unter den frühen Mitgliedern der Jesus-Bewegung bereits schriftliche Versionen einer Spruchsammlung kursierten, aus der wahrscheinlich bei gemeinschaftlichen Zusammenkünften vorgetragen wurde. Das Thomasevangelium ist deshalb eine bislang weit unterschätzte und allgemein immer noch kaum bekannte Quelle für die Rekonstruktion der ältesten, Jesus zugeschriebenen Aussagen. Um zu den wahren Worten Jesu zurückzufinden, müssen wir mithin neben den kanonischen Evangelien auch auf das »fünfte Evangelium«, das Thomasevangelium, zurückgreifen.

Die Existenz einer ursprünglichen Spruchsammlung zeigt uns, daß den frühen Anhängern Jesu eine Zusammenstellung seiner Aussprüche genügte. Mehr brauchten sie nicht, um sich in einer heillosen Welt geführt zu wissen, und mehr hatte ihr Meister ihnen auch nicht mit auf den Weg gegeben. Übrigens waren Spruchsammlungen von »weisen Männern«, die unter ihren Schülern weitergegeben wurden, in der hellenistischen Welt weit verbreitet. Auch in späterer Zeit, als aus religionssoziologischen und theologischen Gründen die erzählerischen Evangelien gestaltet wurden, blieb das Spruchevangelium der Jesus-Bewegung erhalten. Wie das Thomasevangelium demonstriert, wurde es als eigenständige Sammlung weiter überliefert und ebenfalls in eine bestimmte Richtung hin entwickelt.

Um die Jahrhundertwende wurde an der Spruchquelle eifrig geforscht, dann wurde es still um sie. Ihre Wiederentdeckung seit den 70er Jahren hat zu einer Fülle neuer Ergebnisse geführt, die uns einen Einblick sowohl in die Persönlichkeit Jesu als auch in die Struktur der Gruppe der Jesus-Anhänger erlaubt. Wenden wir uns deshalb kurz dem Aufbau der Spruchquelle Q zu. Ihr Inhalt ist von drei Elementen gekennzeichnet: Weisheitsreden, prophetisch-apokalyptische Aussagen und, zu einem geringen Teil, biographisches Material. Prophetische und weisheitliche Überlieferungen auf dem Hintergrund der Naherwartung des Weltendes, die im Judentum der Zeit seit zwei Jahrhunderten zirkulierten, haben Q ohne Zweifel entscheidend beeinflußt. Die Frage ist, welcher Traditionsstrang der ursprüngliche ist, also auf Jesus selbst zurückgeht. Jüngste Forschungen haben Licht in dieses Problem gebracht. Sie haben gezeigt, daß Q in drei nach Inhalt, Struktur und Zielsetzung deutlich unterschiedliche Teile auseinanderfällt. Das bedeutet, Q wurde zu drei verschiedenen Zeiten bearbeitet, umgestellt und angereichert.[27] Das älteste Material der Sammlung, Q^1 genannt, umfaßt nur »Weisheitssprüche« Jesu. Das war die ursprüngliche Spruchsammlung. Erst in einer zweiten Redaktionsstufe kamen die prophetisch-apokalyptischen Texte (Q^2) dazu. Noch später wurden die Versuchungsgeschichte und einige zusätzliche verbindende Abschnitte eingefügt (Q^3).

Q^1: Bestandteil der ersten Formbildung sind sechs Weisheitsreden Jesu. Die Art der Ansprachen erinnert an Instruktionen an eine Gemeinde, wie sie uns aus der ägyptischen, altorientalischen und hellenistischen Literatur bekannt sind. Q^1 ist von einer radikalen Ethik geprägt, die mit vielen gesellschaftlichen Konventionen bricht.

Q^2: In der zweiten Phase der Formbildung steht das prophetisch-apokalyptische Material in schroffem Gegensatz zu Q^1. Gekennzeichnet ist es durch die charakteristische Auseinandersetzung mit »diesem Geschlecht« und die Ankündigung des Gerichts. Die Worte über »dieses Geschlecht« richten sich gegen das Verhalten der angesprochenen Juden gegenüber der Verkündigung Jesu. Die in diesem Teil enthaltenen Weherufe gegen die galiläischen Städte sind offensichtlich Imitationen von prophetischen Vorbildern.[28]

Q^3: In der letzten Bearbeitung findet eine Ergänzung des Spruchevangeliums durch die Einfügung eines biographischen Teils mit der Versuchungsgeschichte statt.

Durch die drei Redaktionen wurde Q einheitlich geformt und erhielt einen stimmigen theologischen Rahmen. Die Endgestalt von Q, wie sie nach dem Jüdischen Krieg unter Jesus-Anhängern zirkulierte und von Matthäus und Lukas übernommen wurde, war ein zusammenhängendes, schriftlich niedergelegtes Gebilde von Reden und Anekdoten.[29] Darauf verweisen die wörtlichen Übereinstimmungen zwischen den Evangelisten und die Einhaltung einer weitgehend gleichen Abfolge. Zudem besagt der linguistische Befund, daß Q damals in griechischer Sprache abgefaßt gewesen sein muß und die ursprüngliche Ordnung bei Lukas besser als bei Matthäus erhalten geblieben ist.

Das Entstehen der »mythischen Biographie« von Jesus (Q^2) erfolgte in einer relativ kurzen Zeit nach der ersten Sammlung der Jesus-Sprüche (Q^1). Das braucht uns nicht zu verwundern. Die Erfahrung lehrt, wie rasch Legenden in Zusammenhang mit historischen Personen entstehen können. Nur um ein Beispiel zu nennen:[30] Unmittelbar nach der Ermordung von Thomas Becket am 29. Dezember 1170 entstand ein Heilkult um sein Grab. Thomas wurde am 21. Februar 1173 kanonisiert. Unter den Legenden, die zu diesem Zeitpunkt weit verbreitet waren, finden sich Geschichten, wie Thomas Menschen von den Toten erweckte, wie er den Boden mit seinem Stab berührte und Wasser daraus hervorquoll und wie er seinen eigenen gewaltsamen Tod voraussagte.

Die Analyse der Spruchquelle Q hat den gelehrten Umgang mit dem Neuen Testament entscheidend verändert. Sie hat aber keineswegs zu Einigkeit geführt in unserem Bild von Jesus. Nach wie vor verteidigen Bibelwissenschaftler, Theologen, Historiker und Philologen ihre Ansatzpunkte in der Auslegung der Schriften, die bisweilen diametral entgegengesetzt sind. Eines allerdings ist allen kritischen Forschern klar: Es besteht ein fundamentaler Unterschied zwischen dem Jesus der Geschichte und dem Christus des Glaubens. Während Fundamentalisten vielfach versuchen, ihrem Christus das geschichtliche Gewand Jesu anzuziehen, bemühen sich die Bibelwissenschaftler vielmehr um das Gegenteil: eindeutig zu trennen zwischen einer Person, die eine reale, in Raum und Zeit begrenzte Existenz hatte, und einer Fiktion, die für die Errichtung einer Mythologie und eines Mysterienkultes erfunden wurde. Das sogenannte Apostolische Glaubensbekenntnis zeigt deutlich, daß der Mensch Jesus in dieser mythischen Umformung kaum eine Rolle gespielt hat. Die geschichtlichen Ereignisse um seine Person werden auf sein »Leiden und Sterben« unter Pontius Pilatus beschränkt. Ansonsten verkündet dieser Glauben von einer mythischen Gestalt, die vom Himmel herabgestiegen ist, um die Menschheit zu retten, und wieder in den Himmel zurückgekehrt ist. Diese Vorstellung ist freilich nicht neu, beileibe keine Erfindung der Christen. Sie ist vielmehr den Mysterienkulten entlehnt, die im hellenistischen Raum seit Jahrhunderten solche himmlischen Erlöserfiguren kennt. In der Abkehr von den Ansichten des weisen Lehrers Jesus und der Hinwendung zu heidnischem Mysterienglauben begründete sich das Christentum. Auslöser dieser Entwicklung war der Apostel Paulus, der weder den historischen Jesus kannte, noch an ihm interessiert war. Sein Glaube brauchte nur einen sterbenden und auferstehenden Erlöser, so wie er in den Mysterienreligionen allenthalben verehrt wurde. Jesu Taufe war ihm dafür Symbol genug, um ihn als Modell seiner neuen Religion heranzuziehen.

Was wir heute als Christentum kennen, das ist nicht die Lehre dieser authentischen Jesusworte, es ist die von Paulus und den Redakteuren seiner Briefe geschaffene Theologie von der Erbsünde, dem Sühnetod Gottes am Kreuz und der Verwaltung seines Leibes – und damit der Erlösung – durch eine Hierarchie von Priestern. Mit der Lehre vom Opfer des »erstgeborenen Gottessohnes« und der Verteilung seines Körpers an die Gläubigen zum gemeinsamen Verzehr schöpft diese Theologie nicht mehr aus den Worten Jesu über die Nächstenliebe, sondern aus der Vorstellungswelt altmediterraner und frühsemitischer Stammeskulte, in denen von jedem Vater das blutige Opfer des Erstgeborenen verlangt wurde.

Der Theologe Eduard Grimm schrieb: »Wie tief sich auch diese Lehre unter den Christen eingebürgert hat, so hat doch der wirkliche Jesus nichts davon gewußt.«[31] Und der Religionshistoriker Wilhelm Nestle drückt dies so aus: »Christentum ist die von Paulus gegründete Religion, die an Stelle des Evangeliums Jesu ein Evangelium von Jesus setzt«[32] – eine Religion, die man darum besser *Paulinismus* nennt. Dieser Paulinismus ist eine Mißdeutung und Verfälschung der wirklichen Lehre Jesu – eine Tatsache, die auch die moderne theologische Forschung anerkannt hat: »Alle schönen Seiten des Christentums knüpfen sich an Jesus, alle unschönen an Paulus.«[33]

Die Untersuchung der Spruchquelle Q und anderer biblischer und außerbiblischer Schriften versetzt uns heute in die Lage, deutlich unterscheiden zu können zwischen der Lehre Jesu und der Lehre Pauli, oder Marcions oder anderer, die sich berufen fühlten, die Darlegungen Jesu zu interpretieren und fortzuschreiben. Freilich brachte allein dieser Fortschritt noch beileibe keine Einigkeit über die Persönlichkeit Jesu zustande. Die modernen Bibelwissenschaftler entwerfen zahlreiche neue Psychogramme von Jesus. Die einen verstehen ihn als rebellischen apokalyptischen Prediger,[34] anderen gilt er als Weisheitslehrer nach rabbinischem Modell,[35] oder als hellenistischer Philosoph,[36] sogar als der Führer der jüdischen »Friedenspartei«,[37] als der friedfertige Sozialrevolutionär, der eine radikale Lehre von Gleichheit in Parabelform verkündete und danach lebte,[28] oder als im buddhistischen Sinne erzogener Weiser, der die Grundzüge der Lehre des Buddha auf die Umstände und Probleme in Palästina anwandte.[39]

Wer also war Jesus? Ein Philosoph, ein Weisheitslehrer, ein apokalyptischer Prophet, ein Religionsgründer, ein Wanderprediger, ein Bettelmönch? Eines können wir heute mit Fug und Recht behaupten: Der Jesus, den wir aus den Evangelien kennen, der mit Autorität als Gottessohn auftritt, sein stellvertretendes Leiden und seinen Tod für die Menschheit am Kreuz ankündigt und keinen Zweifel daran läßt, der verheißene Messias zu sein, der die Endzeit einläuten und die Menschen richten wird am jüngsten Tag – das ist nicht der historische Jesus. Das meiste daran ist die sinnreiche Ausschmückung über eine Kunstgestalt »Jesus Christus« durch eine Sekte, die ein grundlegendes Interesse daran hatte, sich zu Auserwählten zu rechnen. Durch das Buch Q und insbesondere den Abschnitt Q[1] haben wir jetzt die Möglichkeit, den Wert dieser Überlieferung zu prüfen. Denn die Spruchquelle Q erwuchs aus einer Sammlung der Worte ihres Meisters in den Reihen der Jesus-Leute selbst, welche die Träger jener Überlieferung waren, die Jesus eingeleitet hatte.

Der wahre Jesus tritt in Erscheinung

Den interessantesten Ansatz auf der Suche nach den wahren Worten Jesu verfolgt gegenwärtig das amerikanische »Jesus-Seminar«. Das Jesus-Seminar wurde von dem bekannten Bibelwissenschaftler und Fachmann für griechische Grammatik Robert Funk, der jahrelang Professor an der Universität von Montana war, ins Leben gerufen. Er ging von der Idee aus, daß sich der einzelne Forscher leicht in seiner Lieblingsthese »verläuft«. Diese mag richtig sein, mag aber auch nur eine vorgefaßte Meinung widerspiegeln, die mit eloquenter gelehrter Beweisführung zu untermauern versucht wird. So stehen sich speziell auf dem unsicheren Gebiet der Erforschung des historischen Jesus zahlreiche Wissenschaftler gegenüber, die mit enormer Quellenkunde und triftigen Argumenten zu diametral entgegengesetzten Ergebnissen gelangen. Funk wollte diese ewige Pattstellung aufheben, indem ein Team von Gelehrten zu einem Mehrheitsentscheid über die Texte des Neuen Testaments kommen sollte. Um diese Leitgedanken zu realisieren, gründete er am Westar Institute im kalifornischen Sonoma das Jesus-Seminar. Akademisch ausgewiesene Fachleute analysierten jahrelang aus Texten der ersten drei Jahrhunderte unserer Zeitrechnung alle Worte, die Jesus zugeschrieben wurden. Dabei wurden die Schriften nach textkritischen Methoden aus ihren Originalsprachen Griechisch, Koptisch, Aramäisch, Hebräisch, Latein u. a. neu übersetzt.

Die Mitglieder treffen sich zweimal jährlich und diskutieren ihre wissenschaftlichen Arbeiten zu einem bestimmten Thema der Jesusworte. Sie tragen ihre Argumente vor, sie diskutieren und streiten. Am Ende jeder Sitzung wird über die Authentizität der behandelten Jesusworte abgestimmt. Es stehen vier Optionen zur Verfügung, die durch farbige Glasperlen symbolisiert werden, welche die Mitglieder, entsprechend ihrer Meinung, in eine Schachtel werfen:

Rot: Jesus hat das oder etwas sehr ähnliches zweifellos gesagt.

Rosa: Jesus hat wahrscheinlich etwas so ähnliches gesagt.

Grau: Jesus hat das nicht gesagt, aber die darin enthaltenen Ideen sind seinen sehr ähnlich.

Schwarz: Jesus hat das nicht gesagt, es ist Ausdruck eines Standpunktes oder eines Inhalts einer späteren oder anderen Überlieferung.

Auf diese Weise gelangte das Jesus-Seminar zu einer »demokratischen« Vereinbarung über das, was man Jesus zuschreiben kann und was nicht. Natürlich spiegelt dieser Mehrheitsentscheid nicht die Meinung der breiten Masse wider. Das soll er auch nicht. Er repräsentiert die mehrheitliche Meinung von Fachleuten, die ein sehr tiefes Verständnis des Gegenstandsbereiches haben, über das sie abstimmen. Die Resultate des Jesus-Seminars geben keine individuellen Positionen einflußreicher Bibelwissenschaftler, Philologen und Historiker wieder, sondern einen Mehrheitsentscheid. Dadurch relativieren sich vorgefaßte Meinungen und liebgewonnene Hypothesen.

So fruchtbar und interessant diese Vorgangsweise ist, stieß sie dennoch auf heftige – zum Teil begründete, zum größten

Teil unbegründete – Kritik. Die schärfsten Angriffe kommen aus dem fundamentalistischen Lager oder zumindest vom »rechten Flügel« der Neutestamentler. Im Lauf der Jahre haben über 200 Gelehrte am Jesus-Seminar teilgenommen. Mittlerweile sind es nur noch 74. Viele Forscher sind aufgrund der für sie überraschenden und nicht akzeptablen Ergebnisse ausgeschieden. Es zeichnete sich bald ab, daß der »authentische Jesus« ein Jesus war, den sie so nicht erwartet hatten und den sie so auch nicht anerkennen wollen. Sie schieden aus, um ihrer liebgewonnenen Ansicht von Jesus weiter anhängen zu können. Das Jesus-Seminar hat dieses Problem deutlich erkannt. Eine der wichtigsten Prämissen für seine Mitglieder ist deshalb die Warnung: »Hüte dich davor, einen Jesus zu finden, der ganz deinen Vorstellungen entspricht!« Genau das fällt vielen mit einem persönlich so bedeutungsvollen Thema wie Jesus schwer, ist aber *die* zentrale Voraussetzung, um dem authentischen Menschen Jesus näherzukommen. Man kann die Vorbedingung, um vorurteilsfrei auf die Suche nach dem authentischen Jesus aufbrechen zu können, auch mit Nietzsche in die Worte fassen: »Der Glaube an die Wahrheit beginnt mit dem Zweifel an allen bis dahin geglaubten Wahrheiten.«[40]

Dennoch bleibt die Arbeit des Jesus-Seminars keineswegs unproblematisch. Unter den Mitarbeitern finden sich zwar Protestanten, Katholiken, Juden und Atheisten, doch viele sind noch jung, mit relativ wenigen wissenschaftlichen Empfehlungen. Fast die Hälfte der 74 Mitglieder hat einen Abschluß von oder lehrt an einer der drei amerikanischen Universitäten Harvard, Claremont oder Vanderbilt – Universitäten, deren Abteilungen für Bibelwissenschaften für ihre liberalen Anschauungen bekannt sind. Kein Europäer befindet sich in dem Gremium. Andererseits gilt auch hier, daß der begabteste Rhetoriker, der geschickteste Argumentierer die Unentschlossenen und Wankelmütigen auf seine Seite ziehen kann. Allein die Tatsache einer demokratischen Vorgangsweise läßt elitäre Ergebnisse nicht verschwinden. Bei den Abstimmungen ist dennoch zu erwarten, daß es ein Übergewicht gibt von jungen, unerfahreneren Kräften gegenüber den erfahreneren und ein Übergewicht liberaler, »linker« Kräfte gegenüber konservativen, eher fundamentalistischen Elementen.

Eines der entscheidenden Ergebnisse der Forschungen des Jesus-Seminars war der Nachweis der Bedeutung des Thomasevangeliums. Diese Spruchsammlung ist eine Fundgrube für die Einschätzung von authentischen Aussagen Jesu. Entsprechend betitelte das Jesus-Seminar die grundlegende Veröffentlichung seiner Arbeit zu den wahren Worten Jesu »Die fünf Evangelien«[41], weil es neben den kanonischen Evangelien das Thomasevangelium als gleichberechtigt behandelte.

Viele betrachteten allein die Tatsache, den Kanon eigenmächtig um ein Evangelium zu erweitern, als unzulässig, ja sogar ketzerisch. In Wahrheit führte diese Art von kritischem Umgang mit dem historischen Dokument des Thomasevangeliums sogar zu einer unabhängigen Bestätigung von bestimmten Passagen in den kanonischen Evangelien. Die Mitglieder des Jesus-Seminars konnten zeigen, daß das Thomasevangelium nicht von den kanonischen Evangelien abhängig ist. Es enthält Sprüche, die einer frühen Entwicklungsstufe zuzuschreiben sind, die um die Zeit der Niederschrift von Markus vorgelegen haben und unabhängig von den anderen Evangelien gesammelt wurden. Das ist ein entscheidender Befund. Er bedeutet, daß man an diesem Evangelium nicht einfach vorbeigehen kann. Obwohl man von seiner Analyse keine grundsätzlich neuen Aspekte über Jesus kennenlernt, gewinnen wir durch die Einbeziehung des Thomasevangeliums einen wertvollen Beitrag zu unserem Verständnis von Jesus. Wenn es tatsächlich unabhängig von den anderen Evangelien entstanden ist, dann erhalten wir eine eigenständige Bestätigung für eine Reihe von kanonischen Jesus-Sprüchen, die andernfalls nur einmal »bescheinigt« werden. In mindestens 32 Fällen liefert das Thomasevangelium diesen zusätzlichen Nachweis. Auf diese Weise wird das Vertrauen in die historische Gültigkeit des kanonischen Materials erhöht. Die Angst und die Kritik von fundamentalistischer Seite, daß man durch das Hinzuziehen eines nicht kanonischen Evangeliums die Autorität des Kanons in Frage stellt, ist unberechtigt. Das Gegenteil ist vielmehr der Fall.

Das Jesus-Seminar behandelt das vorliegende Textmaterial der Evangelien wie die Beweisaufnahme bei einem Gerichtsverfahren. Dabei gehen die Mitglieder von festen Regeln aus: Beispielsweise bekräftigt die Konvergenz von zwei oder mehr dieser Regeln auf ein Beweisstück die Beweisführung für oder gegen das Beweismittel; auf der anderen Seite darf sich eine bedeutende Schlußfolgerung nicht auf ein einziges Beweisstück stützen. Solche Regeln sind wichtige Voraussetzungen für die kritische Analyse. Unter dem Gesichtspunkt eines Gerichtsverfahrens beruht das, was wir in den Evangelien wiederfinden, auf Hörensagen. Keiner der Evangelisten war selber Augen- oder Ohrenzeuge jener Ereignisse und Darlegungen, über die er schrieb. Es ist sogar anzunehmen, daß keiner der Gewährsmänner, welcher ihnen die Geschichten berichtete, ein Augenzeuge war. Der Bericht über Jesu Taten und Lehre gelangte erst durch viele »Zwischenstationen« zu den Autoren der Evangelien. Auf diesem Weg, das lehrt die Psychologie, verändert sich das ursprüngliche Material. Grund dafür sind die beschränkte Erinnerungsfähigkeit des menschlichen Gedächtnisses, Mißverständnisse in der Kommunikation und die Absichten, welche die Erzähler mit dem Weitergeben bezwecken wollten.

Als die Geschichten über Jesus die Schreibstuben der Autoren der Evangelien erreichten, in Form von mündlichen Informationen und in Form von Schriftstücken (beispielsweise eine Abschrift von Q), erfuhren sie eine weitere Umgestaltung. Mit der schriftlichen Niederlegung beabsichtigten die Autoren sowohl eine stärkere wie eine gesicherte Verbreitung. Das Manuskript wird zum Protokoll, auf das man sich später berufen kann. So sehr die Autoren bemüht gewesen waren, ein historisch richtiges Bild Jesu zu liefern, so sehr nutzten sie das Medium der Schrift, das exemplarischen Charakter verleiht, um ihre theologischen Anliegen zu verbreiten. Die Evangelien wurden nicht als neutrale Reportagen verfaßt. Sie wurden vielmehr für bestimmte Zielgruppen geschrieben und mit unterschiedlichen Absichten.

Von den Synoptikern war Markus wohl ein Judenchrist der zweiten Generation. Sein Evangelium ist Ausdruck des Versuches der paulinischen Christen, ein eigenes Evangelium zu verfassen. Jesus wird darin zum Urbild des paulinischen Christen geformt. Es ist gleichsam die paulinische Antwort auf den revolutionären Messianismus des Matthäusevangeliums, das vielleicht in einer ursprünglichen aramäischen Fassung in Palästina und Syrien bereits zirkulierte. Das apokryphe Hebräerevangelium könnte eine Bearbeitung dieses aramäischen Matthäusevangeliums darstellen. Es wurde später von der Kirche als ketzerisch zurückgewiesen. Matthäus war ein Judenchrist, der vom Judentum stark geprägt war und für die Judenchristen schrieb. Im Zentrum seiner Darstellung steht Jesus als Vollender der mosaischen Religion, als der von den Propheten verkündete Messias. Lukas hingegen war ein Grieche aus Mazedonien. Er entstammte der gebildeten Bevölkerungsschicht und verfaßte in einem eleganten Griechisch seine Schrift, die sich ohne Zweifel an gebildete Griechen und Römer seines Standes richtete. Jesus ist bei ihm nicht mehr nur nationaler Messias, sondern der Heiland der Welt. Schrieb Matthäus für die Evangelisierung der Juden, so ist Lukas in dieser Frage »international« ausgerichtet. Er hat die Evangelisierung der gesamten heidnischen Welt im Auge.

Neben den Originalberichten haben die Evangelisten viel an folkloristischem überlieferten Wissen verarbeitet, Sprichworte und Aphorismen. Diese kurzen griffigen Aussagen wurden in der Antike vielen weisen Männern zugeschrieben, beispielsweise Salomon oder Sokrates. In gleicher Weise schrieben die Autoren der Evangelien diese »ihrem« weisen Meister Jesus zu. Das Sprichwort aus Markus 2:17 beispielsweise (In der Übersetzung des Ur-Evangeliums durch Herbert Ziegler, UrEv 45: »Nicht die Starken bedürfen der Hilfe, sondern jene, die übel daran sind.«) kennen wir auch aus säkularen Quellen, von den antiken Autoren Diogenes Laertius (2. Jh.) und Plutarch (um 45–125). Entweder hat Jesus als Weisheitslehrer solche bekannten Sprichworte übernommen, oder die Evangelisten haben sie ihm zugeschrieben, weil sie einfach zu ihm paßten, weil er es gesagt haben *konnte*.

Aber die Autoren der Evangelien waren vor allem dazu angetreten, eines zu tun: Jesus mit ihrer christlichen Überzeugung zu ummänteln. »Jesus war nicht der erste Christ. Allerdings wurde er oft von seinen ergebenen Anhängern dazu angehalten, wie ein Christ zu sprechen. Der Kontrast

zwischen der christlichen Sprache und dem christlichen Standpunkt und der Sprache und der Standpunkt Jesu geben einen sehr wichtigen Hinweis zur wirklichen Stimme Jesu.«[42]
Die älteste schriftliche Niederlegung des mündlichen Evangeliums findet sich in einem Paulusbrief, im ersten Korintherbrief (1 Kor 15,3–5). Die Version des Paulus war bekannt, als Markus begann, seine Fassung niederzuschreiben. Markus' Formulierungen zeigen, daß er das von Paulus zitierte mündliche Evangelium kannte. Aber beide Versionen, die von Paulus und die von Markus, wurden in christlicher Terminologie abgefaßt. Der Auftrag, die frohe Botschaft der ganzen Welt zu verkünden (Mk 13,10 und Mt 28,18–20) wurde von Paulus, Markus und anderen in der Frühzeit der neuen Bewegung entwickelt.
Ein spezielles Problem des Übergangs von der mündlichen Überlieferung zur schriftlichen Niederlegung ergibt sich aus den unterschiedlichen Sprachen. Die Muttersprache Jesu war das Aramäische. Es ist nicht bekannt, ob er auch Hebräisch gut sprechen konnte. In jedem Fall sind uns seine Worte nur in griechischer Sprache erhalten geblieben. Wenn Jesus nicht griechisch sprach, dann sind seine originalen Worte für immer verloren. Die einzige Ausnahme bietet das aramäische Wort für Vater, »Abba«, mit dem Jesus Gott ansprach.
Der Theologe Günther Schwarz hat den Versuch unternommen, die ursprünglichen aramäischen Worte Jesu wiederzufinden, indem er die vorliegenden griechischen Übersetzungen der Evangelien in einen hypothetischen aramäischen Wortlaut zurückführte. Den seiner Meinung nach auf diese Weise wiederhergestellten hypothetischen Urtext übertrug er wieder direkt in die deutsche Sprache.[43] Durch die

Rückübersetzung konnte Schwarz entscheidende Übersetzungsfehler aufzeigen, die bereits im griechischen Neuen Testament eingeflossen sind und wahrscheinlich beim Übergang von der mündlichen zur schriftlichen Tradition entstanden sind. Er entdeckte zudem, daß die Texte in Aramäisch einen besonderen Sprachrhythmus aufweisen und eine »poetische Sprechweise« Jesu nahelegen. Da Schwarz allerdings nicht nach der historisch-kritischen Methode zwischen authentischen und nicht authentischen Jesusworten unterscheidet, sondern vielmehr das gesamte Evangelienmaterial und zahlreiche außerbiblische Schriften durch Rückübersetzung aufarbeitet, ist sein Ansatz für die Suche nach den Lehren des wahren Jesus weitgehend unbrauchbar. Es mag auch, was die erzählerischen Teile der Evangelien anbelangt, fast durchweg eine »Fleißarbeit« darstellen, zumal alle Evangelien mit Sicherheit zuerst auf Griechisch verfaßt wurden und mit Ausnahme von Matthäus die Autoren alle Griechisch sprachen. Es herrscht zwar Uneinigkeit darüber, ob vielleicht Matthäus tatsächlich in einer ursprünglichen aramäischen Fassung vorgelegen hat, aber es gibt keine eindeutigen Hinweise darauf.

Ergebnisse des »Jesus-Seminars«

Im Folgenden will ich kurz die Ergebnisse des Jesus-Seminars zusammenfassen. Sie sind als Voraussetzungen für das Verständnis der Einschätzung von Jesus-Aussagen unentbehrlich geworden. Sie zeigen zugleich, daß auch ein »einsamer Forscher«, ein »Privatgelehrter« wie Herbert Ziegler, zu ganz ähnlichen Schlußfolgerungen kam, und bieten des-

halb eine unabhängige Bestätigung für die ungewöhnliche Pioniertat des Forschers.
Auszugsweise Zusammenfassung der Ergebnisse des Jesus-Seminars:

Das Problem des historischen Jesus

1. Der historische Jesus muß von seinen Darstellungen in den Evangelien unterschieden werden.
2. Jesus lehrte seine Schüler mündlich, er schrieb nichts auf.
3. Überlieferungen über Jesus wurden noch viele Jahre nach der Kreuzigung von Mund zu Mund weitergegeben.
4. Die mündliche Tradition ist leicht verformbar.
5. Mündliche Informationen erinnert man nicht in ihren exakten Worten, sondern nur nach den wesentlichen Inhalten.
6. Die Muttersprache Jesu war Aramäisch, die Evangelien wurden auf Griechisch niedergeschrieben.
7. Vielleicht sprach Jesus Griechisch als zweite Sprache.
8. Jesus wanderte umher und adaptierte seine Sprüche und Parabeln auf die jeweilige Gelegenheit.
9. Die Schüler Jesu wanderten umher und adaptierten und veränderten seine Sprüche und Parabeln passend zu den jeweiligen Gelegenheiten.
10. Die mündliche Tradition zeigt kaum Interesse an biographischen Daten Jesu.

Angaben zur Chronologie

1. Zumindest zwei Jahrzehnte vergingen zwischen der Kreuzigung und den ersten schriftlichen Aufzeichnungen.

2. Es vergingen vierzig Jahre nach der Kreuzigung, bevor das erste kanonische Evangelium geschrieben wurde (Markus).
3. Neben den kanonischen Evangelien ist das Thomasevangelium eine neue und wichtige Quelle für die Jesus-Überlieferung.
4. Das Thomasevangelium repräsentiert eine ältere Stufe der Überlieferung als die kanonischen Evangelien.
5. Das Portrait von Jesus im Johannesevangelium unterscheidet sich auffällig von den synoptischen Evangelien.
6. Das Johannesevangelium ist, was die Aussagen Jesu anbelangt, eine schlechtere Quelle als die Synoptiker und das Thomasevangelium.

Redaktionsgeschichte der Evangelien

1. Die Evangelien sind aus verschiedenen Ebenen der Überlieferung aufgebaut.
2. Enge verbale und strukturelle Übereinstimmungen erlauben den Forschern, die minimalen Texte gemeinsamer Quellen aufzudecken.
3. Die synoptische Spruchquelle Q ist aus drei Ebenen aufgebaut: Q^1, Q^2 und Q^3.
4. Das Markusevangelium erlebte zwei oder mehrere Auflagen.
5. Das Thomasevangelium wird von den Gelehrten provisorisch in zwei redaktionelle Ebenen aufgeteilt: Th^1 und Th^2.
6. Matthäus besteht aus drei Ebenen: Q, Markus und Mt Sondergut.
7. Lukas besteht ebenso aus drei Ebenen: Q, Markus und Lk Sondergut.

8. Der Autor des Johannesevangeliums stützte sich auf ein »Buch der Zeichen« für die Herstellung der ersten Ausgabe (Jo^1); diese wurde später durch Zufügung der Kapitel 13–17 und 21 erweitert (Jo^2).

Das Alter der schriftlichen Versionen der Evangelien

1. Q und Thomas entstanden in den Jahren 50–60.
2. Das Markusevangelium entstand um 70.
3. Das Matthäusevangelium entstand um 85.
4. Das Lukasevangelium entstand um 90.
5. Das im Johannesevangelium eingebettete »Evangelium der Wunderzeichen« entstand zwischen 60–80.
6. Die erste Ausgabe des Johannesevangeliums erschien zwischen 80–100.

Unabhängige Quellen

1. Die wichtigste unabhängige Quelle von Informationen über Jesus sind die drei Schichten von Q, die erste Ausgabe des Thomasevangeliums, Markus und das Evangelium der Wunderzeichen.
2. Die ältesten Quellen sind Q^1 und Th^1. Die zweite und dritte Ausgabe von Q folgte kurz danach.

Einschätzung der schriftlichen Quellen

1. Nur ein geringer Teil der Jesus zugeschriebenen Aussagen stammt tatsächlich von ihm.

2. Ein größerer Teil der Parabeln geht auf Jesus zurück, weil diese schwieriger zu imitieren waren.
3. Der größte Teil der Spruchtradition wurde von den Erzählern der mündlichen Tradition und den Autoren der Evangelien erfunden oder von folkloristischem überlieferten Wissen entlehnt.

Die ältesten heute noch erhaltenen
Manuskripte der Evangelien

1. Die Originalmanuskripte der Evangelien sind verlorengegangen.
2. Das älteste kleine Fragment eines Evangeliumstextes datiert aus dem Jahr 125.
3. Die ältesten größeren Fragmente der Evangelientexte datieren um 200.
4. Die älteste vollständig erhaltene Handschrift der Evangelien datiert um 300.
5. Keine der bekannten Handschriften der Evangelien vor dem Jahr 1454 stimmt exakt mit einer anderen überein.
6. Im Zuge der Kopien von Handschriften wurden die Evangelien »verbessert« und »verschlechtert«.

Stufen in der Entwicklung
der frühen christlichen Tradition

0–30 Johannes der Täufer, der Lehrer Jesu (starb um 27 n. Z.)
Jesus von Nazaret, reisender Weiser und »Wunderheiler« (starb um 30 n. Z.)[44]

30–60	Paulus von Tarsus, führender Begründer des Heidenchristentums (Briefe verfaßt um 50–60 n. Z.)
	Spruchevangelium Q (erste Ausgabe um 50–60 n. Z.)
	Thomasevangelium (erste Ausgabe um 50–60 n. Z.)
60–80	Evangelium der Wunderzeichen (60–70 n. Z.)
	Markusevangelium; das erste erzählerische Evangelium (erste Ausgabe um 70 n. Z.)
	Didache; das erste Handbuch für die Gläubigen (erste Ausgabe)
80–100	Matthäusevangelium; Markus und Q einschließend (um 85 n. Z.)
	Lukasevangelium; Markus und Q einschließend (um 90 n. Z.)
	Petrusevangelium, erste Ausgabe (wahrscheinlich 50–100 n. Z.)
	Egerton-Evangelium (wahrscheinlich 50–100 n. Z.)[45]
	Johannesevangelium; das Evangelium der Wunderzeichen einschließend (um 90 n. Z.)
	Markusevangelium, kanonische Ausgabe (um 100 n. Z.)
100–150	Johannesevangelium, dritte Ausgabe (Einfügungen und Ergänzungen)
	Evangelium der Maria (griechische und koptische Fragmente)
	Didache, zweite Ausgabe (Einfügungen und Ergänzungen)
	Thomasevangelium, zweite Ausgabe (erhalten gebliebene Ausgabe)
	Erhalten gebliebene Fragmente des Johannesevangeliums (Papyrus P^{52})

	Erhalten gebliebene Fragmente des Egerton-Evangeliums (Papyri Pegerton[2] und PKöln[255])
150–325	Auftauchen der vier »anerkannten« Evangelien
	Eine offizielle Sammlung christlicher Schriften entsteht (»Neues Testament«)
	Das Christentum wird Staatsreligion (313 n. Z.)
	Konzil von Nicäa (325 n. Z.)
	Erster offizieller Glauben
	Erste erhalten gebliebene Handschriften von »Bibeln« (um 300–350 n. Z.)

D Der Jesus des Ur-Evangeliums

Dem wahren Wesen Jesu kommt Herbert Ziegler in seinem Ur-Evangelium am nächsten. Obgleich er unabhängig vom Jesus-Seminar zu einem vergleichbaren Ergebnis kam, unterlag Ziegler nicht den Nachteilen der demokratischen Methode, welche die Resultate des Jesus-Seminars bisweilen relativieren. Er unterlag auch nicht der Versuchung, ein Jesusportrait aufdecken zu »müssen«, das einer konfessionellen Bindung, theologischen Ausrichtung oder fundamentalistischen Gesinnung zu entsprechen habe. Vielmehr war er selber überrascht, welche Form das Bild Jesu annahm, das aus seiner unermüdlichen Forschungstätigkeit hervortrat. Nicht zuletzt machen zwei weitere Besonderheiten das Ur-Evangelium einzigartig: Zieglers Offenheit für unorthodoxe neue Erkenntnisse über das Leben Jesu, speziell seinen angeblichen Tod am Kreuz, die ihn in die Lage versetzten, die unerklärlichen und immer falsch verstandenen Umstände seines »Todes« und der »Auferstehung« in neuem Licht zu sehen, und das Prüfen und wieder Prüfen der Übersetzung aus dem griechischen Urtext anhand dieser neuen Erkenntnisse.

Letztlich waren es diese neuen Einsichten, die es ihm ermöglichten, die griechischen Texte an den entscheidenden Stellen der Passionsgeschichte überhaupt zu verstehen. Im Ur-Evangelium werden deshalb auch jene Abschnitte überzeugend dargelegt, die bisher unverstanden oder als mythisches Erzählgut beiseite gelegt wurden. Woran Generationen von Bibelforschern und Exegeten scheiterten, wurde für Ziegler zum Einstieg für eine umfassende Darstellung der Lehren und des Lebens Jesu aus den Evangelien. Somit liegt im Ur-Evangelium ein geschlossenes Portrait des Menschen Jesus vor. Lebendig wird die Persönlichkeit Jesu indes insbesondere durch die Rekonstruktion seiner Worte.

Ich möchte im folgenden nur einige wenige erklärende Worte anfügen und mit einigen Hinweisen zeigen, welcher Art die Rede Jesu war und was er vermitteln wollte. Im Grunde spricht das Ur-Evangelium (abg. UrEv) für sich und bedarf kaum einer Auslegung oder eines Kommentars.

Ein erster Befund beim Lesen des gesamten Ur-Evangeliums fällt sofort ins Auge: Die ersten Anhänger, zu denen Jesus sprach und die die Darlegungen ihres Meisters mündlich weitertrugen, waren keine Christen! Sie sahen in Jesus weder den Messias noch den Christus und verstanden seine Lehren nicht als Anklage gegen das Judentum. Seinen angeblichen Tod am Kreuz – jenes erdichtete Ereignis, das für Paulus und dessen Lehre von der »Auferstehung« so zentral werden sollte – faßten sie keineswegs als ein »göttliches Ereignis« oder als »Erlösertat« auf. Niemand unter ihnen glaubte daran, daß Jesus auferstanden sei, um über eine neue Welt zu herrschen. Sie hielten Jesus vielmehr für einen außergewöhnlichen spirituellen Lehrmeister, dessen Weisheit es ihnen erleichtern würde, in schwierigen Zeiten zu leben.

Dieses Erscheinungsbild Jesu steht dem Portrait entgegen, das die erzählerischen Abschnitte der Evangelien entwerfen. Glaubt man den Biographien der Evangelisten, war Jesus angetreten, das Judentum zu reformieren. In seiner Würde als der jüdische Messias kritisiert er die Pharisäer und Schrift-

gelehrten. In Jerusalem reinigt er im Namen dieser Autorität den Tempel und prophezeit seine Zerstörung. Seinen Jüngern verspricht er, im zukünftigen Königreich Gottes eine Sonderstellung einzunehmen, der jeder teilhaftig werden kann, wenn er Buße tut und sich vom falschen Weg abwendet. Nichts davon finden wir im Ur-Evangelium. Dieser Befund steht weitgehend in Übereinstimmung mit den jüngsten Erkenntnissen über die Spruchsammlung Q. »In Q gibt es keinen Hinweis auf eine ausgewählte Gruppe von Jüngern, kein Programm, um die Religion oder Politik des Judentums zu reformieren, keine dramatischen Begegnungen mit den Autoritäten in Jerusalem, kein Martyrium für die Sache, noch weniger ein Martyrium mit der Bedeutung der Erlösung von den Übeln der Welt, und keine Erwähnung einer ersten Kirche in Jerusalem.«[46]
Ziegler geht in seiner kritischen Aufarbeitung des Lebens Jesu keineswegs so weit, alle Erzählungen, welche die kritische Bibelwissenschaft als mythisch über Bord geworfen hat, ebenfalls aus dem Ur-Evangelium zu streichen. Er nimmt sie dort auf, wo sie im Erzählzusammenhang zu einem besseren Verständnis der Eigenheit Jesu führen. Zum anderen ist Jesus sicher nicht nur als weiser Lehrer aufgetreten, der mit den Konventionen in radikaler Weise brach, sondern auch als Heiler. Die Berichte über Heilungen deshalb rundweg als »mythisch« auszuschließen wäre sicher falsch. Wenngleich sie in der berichteten Form niemals bewiesen werden können, bewahren sie sicher eines: die Erinnerung an Jesus als einen Menschen, der *auch* ausgezogen ist, den Leidenden hilfreich zur Seite zu stehen. Er hat sich den Hilfsbedürftigen zugewandt und niemanden abgelehnt. Das schloß nicht nur Kranke und von der Gesellschaft verstoßene Menschen aus, sondern auch die Unmündigen. In

antiken Gesellschaften wurden Kinder ausgegrenzt und hatten sich schweigend zu unterwerfen. Jesus aber fordert sie auf, zu ihm zu kommen (UrEv 65). Das entspricht seiner Sympathie und seinem Mitgefühl für jene, die an die Grenzen der Gesellschaft gestoßen oder sogar von ihr ausgeschlossen wurden.

Vielfach wird dieses außerordentliche Mitleid und seine besondere Zuwendung bei psychischen und psychosomatischen Problemen erfolgreich gewesen sein. Das wird seinen Ruf als »Wundermann« rasch verbreitet haben. Es läßt sich heute nicht mehr entscheiden, ob er auch bei organischen Erkrankungen Erfolge mit unerklärlichen Heilungen hatte, aber der Ruf, ein ungewöhnlicher Lehrer und Heiler zu sein, der eilte Jesus zweifellos voraus. Immerhin scheint auch die Anschuldigung, die gegen ihn vorgebracht wurde, selber von Dämonen besessen zu sein (Jh 8,48.52; 10,20), nicht unwahrscheinlich.

So besagt die Aufnahme von Wunderheilungen im Ur-Evangelium, wie etwa UrEv 48 und UrEv 53, keineswegs, daß es historisch gesichert ist, daß Jesus diese Heilungen und Wunder tatsächlich bewirkt hat. Die Erzählungen gestatten vielmehr einen Blick auf die Persönlichkeit Jesu. Die Heilung am Sabbat (UrEv 48) illustriert lediglich, daß Jesus außerhalb der jüdischen Konventionen stand, wenn es darum ging, Gutes zu tun. Er stellte sich gegen gesellschaftliche oder religiöse Regeln, wenn ihm diese widersinnig oder gegen seine ethischen Maßstäbe zu stehen schienen. Das ist der Sinn hinter dem Bild des Heilens am Sabbat. Vielleicht wurde das Ereignis nur als Lehrbeispiel von Jesus berichtet, um das die Szene von den Evangelisten literarisch geformt wurde.

Im zweiten Beispiel (UrEv 53) geht es ebenfalls nicht um

das Wunder der Erweckung des Mädchens. Das ist aller Wahrscheinlichkeit nach unhistorisch – eine typische Wundergeschichte, wie sie vielen »Meistern« zu Jesu Zeiten zugeschrieben wurden. Zieglers Lösung nimmt der Erzählung den pathetischen Charakter, den Markus (von ihm kopierten sie Matthäus und Lukas) dadurch einzuführen suchte, indem er das zunächst todkranke Mädchen zwischenzeitlich sterben läßt und somit Jesus als »Erwecker« und nicht nur als »Heiler« auftreten kann. Grundsätzlich geht es auch nur um eine literarische Ausschmückung durch eine dramatisierte Szene des typischen und sicher authentischen Jesuswortes »Hab Vertrauen«. In den Abschnitten von UrEv 6, 43, 44, 52–55 wird dieses wichtige authentische Jesuswort vom tiefen Vertrauen in anderem Erzählzusammenhang wiederholt.

Eine interessante Tatsache fällt beim Lesen des Ur-Evangeliums sofort ins Auge. Die Sprechweise Jesu unterscheidet sich markant von der Sprache der Evangelisten. Jesu extreme Positionen gegenüber der Konvention, seine peinlich anmutenden Aufforderungen (»Folge mir nach und laß die Toten um ihre Toten trauern!« UrEv 62,5), die unerwarteten sozialkritischen Bemerkungen – sie alle erinnern an die Haltung der Kyniker, an ihre Bedürfnislosigkeit, ihre Schamlosigkeit, ihre Mißachtung der Konventionen. Selbst der rhetorische Typ, den Jesus benutzte, gemahnt an die kynischen Philosophen. Er lehrte in äußerster sprachlicher Dichte, in kurzen gedrängten Sprüchen, Maximen, Aphorismen, Anekdoten, Parabeln, Gleichnissen und sogenannten *Meshalim* – kurze, sorgfältig formulierte Texte.[47] Die Kyniker hatten diese literarischen Formen erfunden oder zur Meisterschaft gebracht, um ernsthafte Lebensregeln als Richtschnur des Verhaltens mit Witz wiederzugeben. Schon den Kirchenvätern war nicht entgangen, daß diese Lehrweise gewisse Philosophen zur Zeit Jesu bevorzugten. Um Jesus nicht in die Nähe dieser weltlichen Lehrer zu rücken, führte Justin diesen Stil auf die Kraft Gottes zurück, die in seinem Wort wirkte.

Der »weise Mann des Verstehens«

Unter seinen Anhängern muß Jesus als ein überaus treffend formulierender »Lehrer der Wahrheit« oder als »wahrer Lehrer« gegolten haben. In allen Evangelientexten wird er als Lehrer (*didaskalos*, im Vokativ *didaskale*, »Lehrer!«) angesprochen. Bei Markus heißt es entsprechend: »Lehrer! (*didaskale*), wir wissen... daß du den Weg Gottes nach der Wahrheit lehrst.« (Mk 12,14). Dem Thomasevangelium zufolge vergleicht Matthäus Jesus mit einem »weisen Mann des Verstehens« (Th 13).
Ohne Zweifel glänzte Jesus mit einer ungewöhnlichen Sprachbegabung. Damit seine Schüler seine Worte leichter auswendig lernen und im Gedächtnis behalten konnten, formulierte er aller Wahrscheinlichkeit nach häufig nach poetischen Regeln: Übereinstimmung der Satzglieder, Rhythmus, Wortspiel und Reim.[48] Die Sprache verwendete er dazu, seine Zuhörer wachzurütteln. Deshalb bevorzugte er, seine Botschaft in starken Kontrasten und mit übertreibendem Ausdruck zu vermitteln.
Aus diesen Ähnlichkeiten Jesus zu einem mißverstandenen hellenistischen kynischen Philosophen in Palästina zu machen, hieße die Inhalte seiner Lehren und die Umstände seines Wirkens nicht recht zu würdigen. Jesus war in einer Region aktiv, in der Weisheit bevorzugt aphoristisch und einge-

schlossen in kurze Texte vermittelt wurde. Er bediente sich dieser epigrammatischen, kompakten Sprechweise wie der hellenistische Typus des kynischen Philosophen, und sein Anliegen war jenem der Kyniker nicht unähnlich: Lebensweisheiten in prägnanter Form gegen das Hergebrachte zu stellen als Mittel für die unerhörte Moral einer neuen Gesellschaftsordnung. In manchem mag die Lehre Jesu mit der »praktischen Weisheit« der antiken Philosophen vergleichbar sein, aber zahlreiche Inhalte, die für jene wichtig waren, treten in seinen Reden so gut wie gar nicht in Erscheinung, etwa Erziehung, Charakterbildung, Gewohnheiten, Freundschaft, Frauen- und Familienbeziehungen, ethnische Themen, Politik und Vernunft.[49]
Die Maximen, die dieser außergewöhnliche Wanderlehrer in der kargen Landschaft zwischen Galiläa und Judäa vermittelte, klangen gewiß fremdartig. Doch sie hatten nichts von der Derbheit der Kyniker, sie waren vielmehr eingebettet in eine Aura des liebenden Verstehens, des tiefen Wunsches, die armen schlafenden Geister zu wecken, um ihnen in ihrer Sehnsucht nach der befreienden, nach der erlösenden Erkenntnis unter die Arme zu greifen. Darum lief das Volk zusammen, wenn er sprach. Dafür erinnerte man sich an Jesus. Was er lehrte, war sozialpsychologisch revolutionär. Diese Reden sind es, die das Ur-Evangelium in aller Deutlichkeit und Frische zugänglich macht.
Typisch für den authentischen Jesus sind die bildhaften Übertreibungen, die bisweilen einen humoristischen Unterton tragen. Ein gutes Beispiel ist der Vergleich mit dem Kamel, das eher durch ein Nadelöhr geht, denn ein Reicher in das Gottesreich (UrEv 67,1). Den frühen Kopisten der Evangelien gefiel ein zum Scherzen aufgelegter Jesus, der einen derart komischen Vergleich verwendet, überhaupt

nicht. Er paßte einfach nicht in das Bild des Gottessohnes, der gekommen war, von so ernsthaften Angelegenheiten wie den letzten Dingen zu reden. Also ersetzten einige von ihnen das griechische Wort *kamelon* (Kamel) durch *kamilon* (Seil), um den Kontrast zu verringern.

UrEv 22 ist ein exzellentes Beispiel für die authentische Stimme Jesu – kurz, dicht komponiert, einprägsam, mit deutlichen und ungewöhnlichen Bildern und ohne ein überflüssiges Wort: »Womit soll ich das Gottesreich vergleichen? Es gleicht einem Sauerteig, den eine Frau in drei Sea[50] Mehl verbarg, bis das Ganze durchsäuert war.« In diesem Gleichnis in einem einzigen Satz verwendet Jesus drei Bilder, die für seine Zuhörer sicher beeindruckend gewesen sein müssen. Die Frau »verbarg« den Sauerteig im Mehl – ein ungewöhnliches Wort, um die Vermischung von Hefe und Mehl darzustellen. Dann verblüffte Jesus seine Zuhörer damit, daß sie die Hefe in drei Sea, also entsprechend etwa 40 Liter, Mehl mischte. Im Alten Testament findet sich im Buch Genesis bei der Geschichte von Sara, die das gebärfähige Alter überschritten hatte, die Ankündigung durch göttliche Boten, daß sie im kommenden Frühjahr einen Sohn zur Welt bringen würde. Sara erhält den Auftrag, für die Himmelsboten Kuchen zu backen aus drei Sea Mehl (Genesis 18,6). Die Idee dahinter war, daß sich nur durch eine solche übertriebene Menge eine, wenn auch indirekte, Manifestation des Göttlichen feiern läßt. Jesus hat sich in seiner Parabel von dieser alttestamentlichen Erzählung inspirieren lassen. Im dritten Bild, dem Sauerteig, tritt uns Jesus als der bekannt herausfordernde Redner entgegen. Sauerteig wurde unter den Juden als kultisch unrein angesehen, als ein Symbol der Verdorbenheit. Die Abwesenheit von Hefe galt ihnen als heilig. Jesus provoziert mit

seiner typischen »Umwertung der Werte« und vergleicht den Sauerteig dem Gottesreich.
Ein weiteres exzellentes Beispiel für die Herausforderung religiöser Vorschriften über Unreinheit und Reinheit bietet der Aphorismus UrEv 58. Jesus stellt sich gegen das Hergebrachte und überschreitet soziale Grenzen, die als unantastbar galten. Es handelt sich allerdings auch um einen Ausspruch, der, wie viele andere originale Jesusworte, eine neue Perspektive auf die Einflüsse erlaubt, die auf Jesu intellektuelle Entwicklung gewirkt haben. Das sind in der Hauptsache östliche, vorwiegend buddhistische Lehren.[51]
Freilich hat Ziegler auch Aussagen in sein Ur-Evangelium mit aufgenommen, die problematisch erscheinen. Das Bekenntnis des Petrus beispielsweise (UrEv 60) ist nach der kritischen Analyse des Jesus-Seminars, die ich in diesem Fall für richtig halte, keine authentische Begebenheit, sondern vielmehr eine Schöpfung der christlichen Gemeinschaft. Es handelt sich eindeutig um eine stilisierte Szene mit christlichen Motiven, die sich markant vom üblichen Auftreten Jesu abhebt. Jesus hat kaum von sich aus Dialoge begonnen oder auf sich selbst in der ersten Person verwiesen. Das sind Hinweise, daß es sich um eine spätere Konstruktion handelt. Das Besondere in dieser Geschichte ist nicht die Aussage Jesu, sondern das Bekenntnis seines Schülers. Die Szene ist also als ein Lehrbeispiel für potentielle Christen gedacht. Unter diesem Gesichtspunkt hat auch Matthäus als einziger den Bericht, den er bei Markus vorfand, weiter angereichert.
Ziegler nahm Erzählungen wie diese auf, weil die Frage, für wen Jesus die Leute hielten, eine in das Leben Jesu zurückgreifende Überlieferung darstellt.[52] Das ist sicher korrekt, und es haben sich zweifellos schon zu Lebzeiten Jesu

Mythen um seine Person gerankt, die ihn als Wiedergeburt großer Propheten oder bedeutender alttestamentlicher Gestalten dargestellt haben. Wie gezeigt, konnte er schon durch seinen Namen Jesus/Josua als eine Wiedergeburt des großen Kriegsherrn Josua gegolten haben. Solche Berichte geben uns demnach, auch ohne die wahre Stimme Jesu erhalten zu haben, eine Vorstellung von dem Eindruck, den er bei seinen Zuhörern hinterließ.

In UrEv 47 gibt Jesus eine radikale Neuinterpretation des Schöpfungsberichtes aus Genesis 1,26. Die Aufforderung Gottes, sich alle Geschöpfe der Welt untertan zu machen, weitet Jesus auf den Sabbat aus. Im griechischen Original von Markus 2,27 heißt es wörtlich übersetzt: »Gott hat den Sabbat für Adam und Eva gemacht, und nicht Adam und Eva für den Sabbat.« Die Schlußfolgerung (Mk 2,28) entsprechend: »Also ist der Sohn Adams Herr über den Sabbat.« Gemeint hatte Jesus freilich mit »Adam und Eva« und dem »Sohn Adams« jedes Mitglied der Menschheit. Aber schon Markus faßte den »Sohn Adams« (meist in deutschen Fassungen übersetzt als »Menschensohn«) als Messiastitel auf, als apokalyptische himmlische Figur dessen, der kommen sollte, wie bei Daniel 7,13. Matthäus und Lukas, die sich dieser Interpretation anschlossen, haben deshalb den ersten Teil (Mk 2,27) bei ihrer Abschrift von Markus ausgelassen, um diese Deutung deutlicher herauszustellen (Mt 12,8; Lk 6,5). Hierin erkennt man anschaulich die theologische Ausrichtung, die den originalen Jesusworten früh untergeschoben wurde. Die Unterdrückung des ersten Teils der Aussage sollte die Tatsache verschleiern, daß traditionell der Ausdruck »Sohn Adams« unterschiedliche Bedeutungen annehmen konnte. In der Hebräischen Bibel findet sich neben dem apokalyptischen Sinn

von Daniel 7,13–14 in Hiob 25,4–6 der Ausdruck in der Bedeutung von »menschliches Wesen«, »unbedeutende Kreatur« und im Psalm 8,3–6 in der Bedeutung als eines Geschöpfes, das »ein wenig niedriger steht als Gott«. Ziegler hat durch seine Übersetzung diese Interpretation rückgängig gemacht, und die wahre Stimme Jesu kann wieder zum Vorschein kommen; auch die wahre Intention, die Jesus mit seinem Beispiel vermitteln wollte.
Apokalyptische Themen verarbeitet das Markusevangelium auch in Kapitel 13. Es enthält apokalyptische Anspielungen über Zeichen, die dem Ende vorangehen und es begleiten werden. Man nennt es deshalb auch »die kleine Apokalypse«. Markus hat verschiedene Traditionsstränge aus allgemeinem christlichem und jüdischem überlieferten Wissen zusammengeführt, um seine Apokalypse zu komponieren. Er läßt Jesus mit seinen eschatologischen Aussagen sein letztes öffentliches Gespräch führen. Damit verfährt er nach den literarischen Grundsätzen der frühen Christen, welche die Darlegungen, die letzten Dinge betreffend (Eschatologie), immer ans Ende ihrer Ausführungen stellten (beispielsweise in den Paulusbriefen 1 Kor 15 und 1 Thess 5,1–13 oder im 16. Kapitel der Didache). Ziegler ist sich darüber im klaren, daß die Apokalypse in der Hauptsache eine Konstruktion des Markus ist. Nur wenige Sätze finden im Ur-Evangelium Eingang, in denen die Stimme Jesu teilweise erhalten geblieben ist (UrEv 59,3; 70,2; 85). Für diese fand Ziegler bisweilen eine alternative Leseweise, welche uns die Intentionen Jesu, die hinter bestimmten, längst von seinen späteren Anhängern apokalyptisch fortgeschriebenen Aussagen stehen, erkennbar werden lassen. Manchmal reicht ihm ein Hinweis zur Auslegung eines Wortes, um zumindest die ursprüngliche Sinnrichtung wieder erfahrbar zu machen. Die Hoff-

nung auf eine wortwörtliche Rekonstruktion der Aussagen Jesu müssen wir, vielleicht mit Ausnahme sehr kurzer, einprägsamer Aphorismen, ohnehin begraben. Dabei kam der privat forschende Herbert Ziegler zum selben Ergebnis wie die Gelehrtengruppe des Jesus-Seminars. Auch sie erkannte, daß sich in diesen Passagen, gleichsam unter dem apokalyptischen Firnis seiner Anhänger, dennoch authentische Jesusworte erhalten haben.

Ein angriffslustiger und ausgefallener Redner

Um zu zeigen, daß niemand in das Reich Satans eindringen kann, ohne ihn zuerst zu überwinden, verwendet Jesus eine kühne Analogie in starkem Ton und farbiger Sprache: »Niemand kann in das Haus eines Starken eindringen und seinen Besitz rauben, wenn er ihn nicht zuerst fesselt und dann erst sein Haus ausraubt.« (Mk 3,27). Aus solchen prägnanten Sätzen hören wir die typische ungewöhnliche Sprechweise Jesu. Es war diese angriffslustige und ausgefallene Art zu reden, mit der Jesus seine Hörer in den Bann zog. Die Aussage findet sich in drei unabhängigen Quellen, bei Markus, in Q und bei Thomas, was ein Garant dafür ist, daß wir es mit authentischen Jesusworten zu tun haben. Ziegler entschied sich bei seiner Übersetzung (UrEv 49,2), den allgemeinen Sinn der Aussage gegenüber dem speziellen in den Vordergrund zu stellen, um deutlicher das wiederzugeben, was Jesus gemeint hat.

Die Parabel vom Sämann (UrEv 17) geht mit großer Wahrscheinlichkeit auf Jesus zurück, obwohl die verwendeten Metaphern im hellenistischen Raum weit verbreitet waren.

Saat und Ernte gehörten zu den bekannten Sprachfiguren, nicht nur in religiösem, auch in erzieherischem Kontext. Gerade bei Darlegungen, die sich solcher Beispiele bedienen, ist großes Geschick in der Analyse gefragt. Wir wissen vom Kern der Spruchüberlieferung, daß Jesus häufig ungewöhnliche Bilder bevorzugte. Bestimmte Metaphern waren aber vielen seiner Zuhörer derart geläufig, daß er sie in seine Lehrreden einbaute. Ein solches Beispiel ist zweifellos die Parabel vom Sämann.

Ähnlich verhält es sich mit der Rede vom Vertrauen, das Berge versetzt (UrEv 55). Ob sich Jesus wirklich dieses Vergleichs bedient hat, muß offen bleiben. Immerhin finden wir die Sentenz in leicht unterschiedlichen Fassungen bei Markus, Matthäus und Lukas, sie muß auch in Q vorhanden gewesen sein, und auch Thomas hat sie bewahrt. Der Zusammenhang zwischen dem Glauben und sich bewegenden Bergen muß in der frühen Überlieferung unter den Jesus-Anhängern weit verbreitet gewesen sein. Im ersten Korintherbrief spricht auch Paulus vom Glauben, der Berge versetzen kann (1 Kor 13,2), ohne daß er diese Aussage Jesus in den Mund legt. Vielleicht hat sich auch Jesus dieses Vergleichs bedient, vielleicht erinnerte man sich auch nur an eine Aussage Jesu in dieser Art, die mit dem später geläufigen Bild des »bewegten Berges« in Verbindung gebracht wurde.

Die Gestalt der Darstellung in den Evangelientexten ist ein gutes Beispiel, wie die frühe christliche Gemeinschaft mit den Parabeln Jesu umging. Die ursprünglichen Parabeln Jesu wurden von den frühen christlichen Autoren zu allegorischen Erzählungen umgeformt. Neben dem Gleichnis vom Sämann liefert die Geschichte vom verpachteten Weinberg ein einprägsames Beispiel. Thomas berichtet sie und Markus, von dem sie Matthäus und Lukas kopieren (UrEv 28). Hier kann man deutlich sehen, wie das Gleichnis zur Allegorie umgeformt wurde: Jemand (Gott) pflanzte einen Weinberg (entsprechend Jesaja 5,1–7) und überließ ihn Pächtern (Israel). Er schickt seine Diener (Propheten), um die Pacht einzutreiben, aber die Diener werden schlecht behandelt. Schließlich schickt er seinen Sohn, in der Hoffnung, dieser würde besser behandelt, doch die Pächter töten ihn. Der leidgeprüfte Eigentümer wird deshalb die Pächter vernichten (Jerusalem wurde im Jahre 70 durch die Römer vernichtet) und seinen Weinberg anderen geben (den Heiden, die zu Zeiten des Markus eine große Fraktion in der christlichen Bewegung bildeten).

Im Anschluß an diese Geschichte bezieht sich Markus auf den »verworfenen Eckstein« aus Psalm 118,22–23. Einen interessanten Einblick in die Entwicklung, wie diese einfache Erzählung Jesu zu ihrer allegorischen Form der christlichen Erlösungsgeschichte verwandelt wurde, können wir anhand des Thomasevangeliums verfolgen. Dort findet sich die Parabel vom verpachteten Weinberg ohne die allegorische Verpackung (Th 65,1–7), obwohl der Autor wußte, daß diese Geschichte mit dem Psalm 118 in Verbindung gebracht wurde. Denn auch bei Thomas findet sich unmittelbar nach der Parabel ein einfacher Satz in Anspielung auf den »verworfenen Eckstein« (Th 66). Für die Entwicklung des Textes bedeutet dies, daß zuerst die Beziehung zum Psalm 118 hergestellt wurde, danach erst der allegorische Überbau, den wir bei den Synoptikern finden. Deshalb endet bei Thomas die Geschichte mit dem Mord an dem Sohn, während sie in ihrer allegorischen Form natürlich mit der Bestrafung endet.

Zieglers Übersetzung (UrEv 28) versucht der ursprünglicheren Fassung näher zu kommen, ohne die allegorischen Bezüge ganz zu streichen. Vielfach ist es schwer, die ursprünglichen Worte Jesu zu rekonstruieren, ohne vielleicht der Fehleinschätzung zu unterliegen, allzuviel auszuscheiden, um ja keine späteren Zusätze aufzunehmen. Das kann zu einer derart verstümmelten Version führen, daß auch die authentischen Worte Jesu verlorengehen. Deshalb muß das Ergebnis, besonders bei den längeren Gleichnissen, bisweilen eine Gratwanderung sein, eine Zwischenlösung, aus der die Stimme Jesu deutlich klingt, wenngleich der Wortlaut bereits einige Umformungen und Interpretationen erfahren hat. In Wahrheit hatte Jesus diese Parabel ganz offensichtlich als eine verstörende, tragische Geschichte erzählt, *ohne* sie auf etwas Bestimmtes anzuwenden, vergleichbar mit dem Gleichnis vom schlauen Verwalter (UrEv 37).

Ein gutes Beispiel für den Umstand, daß die Anhänger Jesu oft nicht den genauen Wortlaut seiner Aussagen erinnerten, sondern nur die Kerninformation, ist der berühmte Aphorismus von der Lampe, die nicht unter den Scheffel gestellt werden soll (UrEv 16). Der Spruch ist aus drei Quellen bekannt, Markus, Q und Thomas. Alle drei Quellen geben ihn leicht unterschiedlich wieder und in jeweils anderem Kontext. Die Autoren der Evangelien waren also häufig mit Sprüchen Jesu konfrontiert, die in keinem inhaltlichen Zusammenhang standen oder Teil einer bestimmten Handlung waren. Um sie in die erzählerischen Evangelien einzugliedern, erfanden sie einen Bezugsrahmen, welcher der jeweiligen Absicht des Autors passend schien. Ziegler befreit solche Jesusworte von den eigenmächtigen Zutaten der Evangelisten und gruppiert sie in Sammlungen von Abschnitten aus Predigten (UrEv 12–14) und einzelnen Gleichnissen und Parabeln (UrEv 15–39), wie sie ursprünglich in der mündlichen Tradition und schriftlich in Q^1 verbreitet wurden.

Von der Anwesenheit des Gottesreiches

Bisweilen erzielt Ziegler völlig neue Wendungen mit seiner Übersetzung. Beispielsweise bei dem weithin bekannten Jesuswort von der Hand, dem Fuß und dem Auge, die man abschneiden oder das man ausreißen soll, wenn es einem Ärgernis schafft, weil es besser sei, als Krüppel ins Gottesreich einzugehen, denn als vollständiger Mensch in der Hölle (Gehenna) zu enden (Mk 9,43.45.47, Mt 5:29–30; 18,8–9). Die drastische Art des Beispiels scheint die Sprechweise Jesu bewahrt zu haben, aber die Idee, die Jesus damit verbunden hatte, wurde verfälscht. Sie wurde von Markus, von dem Matthäus seine Version kopiert, in den theologischen Rahmen vom jüngsten Gericht und der eschatologischen Erlösung nach dem Ende der Welt gestellt. Markus macht es sich in seiner Interpretation zur Gewohnheit, vom Reich Gottes unter apokalyptischem Blickwinkel zu berichten. Jesus tat das nicht. In den authentischen Jesusworten, beispielsweise in seinen Parabeln, ist das Reich Gottes immer schon anwesend. Dementsprechend klingt die ursprüngliche Darlegung Jesu viel konkreter.

Auf der anderen Seite verschiebt sich der Sinn der Sentenz, den sie in den Evangelien hat. Dort geht es darum, daß ein verstümmelter Körper besser ist, als sich der Versuchung zu unterwerfen – also gleichsam eine verstümmelte Seele davonzutragen. Jesu Exempel aber bezog sich primär auf das, was den Menschen in einer bestimmten Haltung gefangen hält. In seinem Beispiel ist es die Falle, die den Fuß festklammert. Er fordert die Menschen zu einer kompromißlosen Umkehr auf, eine radikale Lösung anzustreben, wenn es darum geht, die geistigen Hindernisse beiseite zu räumen, die ihnen für die Verwirklichung des Gottesreiches im Hier und Jetzt im Weg stehen: »Wenn eine Falle deinen Fuß umkrallt hält, dann hau ihn ab. Es ist besser für dich, mit nur einem Fuß zu leben als mit beiden zugrunde zu gehen. (Ebenso laß los, was dich hindert, in das Gottesreich einzutreten.)« (UrEv 14,2). Solche Einsichten in das Wesen von Jesu Rede hat erst Herbert Zieglers Analyse und Übersetzung ermöglicht.

Jesu Vergleich vom Salz, das »salzlos« wird (Mk 9,50), hat vielen Exegeten Kopfzerbrechen bereitet. Der Kontext der Aussage ist verlorengegangen. Die Synoptiker erfinden einen christlichen Bezugsrahmen, aber der Sinnspruch bleibt rätselhaft. Vielleicht bezog er sich auf den Umstand, daß man in Palästina gewöhnlich Salz in seinem unreinen Zustand verwendete. Wenn die Unreinheiten im Salz überwogen, war es »stumpf«, beziehungsweise »kraftlos«, wie in den meisten deutschen Bibelübersetzungen zu lesen ist. Es erfüllte nicht mehr seine Aufgabe und wurde weggeworfen. Zieglers Lösung (UrEv 12,4) sieht vor, daß Salz im Sinne von »das Salz des Gesetzes« zu verstehen ist. In dem Fall bedeutet es, daß sich Jesus bei seiner Darlegung gegen die blinde Treue gegenüber den mosaischen Gesetzesvorschriften wandte, welche den zutiefst humanen Umgang mit den Mitmenschen – Jesu zentrales Anliegen – hintanstellt. Vielleicht ergaben sich die Schwierigkeiten bei der Übersetzung, weil in der mündlichen Überlieferung ein aramäisches Original vorlag, das sich nur schwer ins Griechische übertragen ließ. Da die mündliche Überlieferung für immer verloren ist, kann über die rätselhafte Bedeutung der Sentenz weiter spekuliert werden.

In vergleichbarer Weise löst die Übersetzung Zieglers die problematische Stelle, in der Jesus behauptet, er sei nicht gekommen, den Frieden zu bringen, sondern das Schwert (Mt

10,34, Lk 12,51, Th 16,1–2). Die Aussage scheint im Widerspruch zu den authentischen Jesusworten zu stehen, in denen er unterschiedslose Liebe lehrt und markant im Gegensatz zu UrEv 14,3: »Alle, die zum Schwert greifen, werden durch das Schwert umkommen.« Der Aphorismus findet sich in Q, und die Tatsache, daß Jesus in erster Person von sich spricht, ist ein deutlicher Hinweis darauf, daß es sich in dieser Form um eine spätere Einfügung seiner Anhänger handelt (Q^2). Die scharfen Worte und die kontrastierenden Bilder hingegen sprechen dafür, daß die Essenz dieser Aussage auf Jesus zurückgeht. Nach Ziegler (UrEv 12,2) meinte Jesus, er sei gekommen, um das Schwert gegen das von den Vätern überkommene Joch der Gesetzesfrömmigkeit ins Land zu bringen. Der sozialrevolutionäre Zündstoff, der aufgrund dieser neuen Übersetzung hinter diesem Sinnspruch aufleuchtet, erweist ihn als authentisch.

Bei der Frage nach den Beglaubigungszeichen Gottes (UrEv 59) entscheidet sich Ziegler für eine Übersetzung, die den Kreis derer, auf die Jesu Antwort gemünzt ist, eingrenzt. »Diese Menschen«, denen ein Beglaubigungszeichen versagt wird, sind die fragenden Pharisäer. Das wäre typisch für die Rede Jesu, die sich nie allgemein an die »Menschheit« wendet oder abstrakte Inhalte liefert, sondern immer auf die Menschen gemünzt ist, zu denen er spricht. Ziegler hat damit sicher den authentischen Ton getroffen, obgleich die Übersetzung für »diese Menschen« als »diese Generation«, wie sie das Jesus-Seminar vornimmt, durchaus der Vorlage entspricht (vergleichbar mit der apokalyptischen Aussage, in der »diese Generation« angesprochen wird aus UrEv 77,2). Die Äußerung findet sich zwar in der Spruchsammlung Q, ist aber dort erst in der zweiten Redaktionsstufe Q^2 eingefügt worden. Es handelt sich um ein Klagelied, das einer

ganz bestimmten Tradition angehört. Ursprünglich wurden zahlreiche solcher Klagen in Orakelform als Reaktion auf die Einnahme Jerusalems durch die Babylonier in den Jahren 587–586 v.Z. komponiert und im Alten Testament aufgenommen (»Klagelieder«).
Ziegler fügt in seinem Ur-Evangelium nur einige wenige verbindende erzählerische Abschnitte ein, um das Auftreten Jesu in einen Rahmen zu stellen. Sie sind Teil jenes Rahmens, den die frühen Christen, die Anhänger der Lehre des Paulus, entworfen haben. Damit geht er zwar über die Sammlung der authentischen Jesusworte hinaus, hinterläßt aber andererseits dem Leser nicht einen Torso, läßt ihn nicht mit Fragmenten zurück. Er bietet ihm vielmehr die Möglichkeit, unmittelbar zu verstehen, wie aus den Lehren des Weisen aus Nazaret jener Glauben entstehen konnte, den heute das Christentum verkörpert.
Leider verblieb Herbert Ziegler nicht mehr die Zeit, auch das Thomasevangelium detailliert nach möglichen authentischen Jesusworten zu analysieren. Sicherlich wäre ihm eine erstaunliche, kurze und prägnante Aussage nicht entgangen, die etwa in dem Abschnitt »Entschlossen unterwegs« (UrEv 71) hätte Aufnahme finden können. Es handelt sich um die Aufforderung Jesu: »Werdet Wanderer«, oder nach einer anderen Übersetzung: »Werdet Vorübergehende« (Th 42). Dieser extrem kompakte, aphoristische Spruch hat im Jesus-Seminar heftige Debatten ausgelöst, zumal die Hälfte der Mitglieder der Überzeugung waren, darin auf jeden Fall die echte Stimme Jesu zu vernehmen, während sich andere heftig dagegen aussprachen. Es handelt sich gleichsam in größtmöglicher Verdichtung um den Kern jener Lebensweise, die er von seinen Schülern erwartete und die entgegen den sozialen Gepflogenheiten stand.

Die besonderen Schwierigkeiten, die sich um das Thema »Auferstehung« ranken, löst die Neuübersetzung Zieglers zum ersten Mal historisch korrekt. Nicht zuletzt hierin zeigt sich die eminente Bedeutung der Arbeit Zieglers und ihre Stärke. Die Schwierigkeiten mit der »Auferstehung« beginnen nicht allein mit der Trennung von Fakt und Fiktion, von biographischen Details und mythischen Erzählungen, sondern auch mit dem rätselhaften Fehlen von wichtigen Textteilen. So endet beispielsweise der echte Teil des Markusevangeliums bei Mk 16,8 mit der Flucht der Frauen vom leeren Grab. Es ist klar, daß dies nicht der wahre Schluß des Evangeliums gewesen sein kann. Offenbar paßte der weitere Inhalt den Christen des zweiten Jahrhunderts überhaupt nicht. Also entfernten sie das originale Ende des Evangeliums einfach und ersetzten es durch die Verse 9–20. Diese sind allerdings nicht mehr als eine Zusammenfassung aus der Apostelgeschichte und den Evangelien von Lukas und Johannes. Über das wahre Ende des Markusevangeliums kann nur spekuliert werden. Aller Wahrscheinlichkeit nach bewahrte Markus einige Hinweise darauf, daß Jesus die Kreuzigung überlebt hatte. Nur so läßt sich erklären, warum dieses Ende derart radikal dem Rotstift der kirchlichen Redaktion zum Opfer fallen mußte. Offensichtlich ließ sich sein Inhalt mit der paulinischen Lehre vom Sühnetod am Kreuz und der Auferstehung schlecht in Einklang bringen.

Das Ur-Evangelium hat gezeigt, daß trotz der Aussichtslosigkeit der Aufgabe, den historischen Jesus und seine wahre Lehre aus dem Dunkel der Geschichte heben zu können, genau dies geglückt ist. Freilich liegt sein Handeln und Tun nicht wie ein minutiöser Report vor uns, aber immerhin haben die letzten Jahrzehnte auf den Gebieten der Textanalyse und archäologischer Funde so viele Neuerungen erbracht, daß wir erkennen können, wie sich das von Käsemann beklagte »verstreute Gut« gesammelt hat. Und in der Tat fügen sich die wenigen authentischen Worte Jesu und die Einblicke in die Soziologie der frühen Jesus-Bewegungen zu einem klaren Bild; ein Bild jedoch, das gar nicht zu dem passen will, was die christliche Kirche in der Nachfolge des Paulus seit fast zweitausend Jahren als Lehre Jesu verwaltet. Wer diese authentischen Worte Jesu liest, der erfährt nichts über Erbsünde, Sühnetod und Auferstehung, viel jedoch über Nächstenliebe und die Verwirklichung des Reiches Gottes.

Die Position Jesu wurde bereits zu seinen Lebzeiten von den wenigsten seiner Anhänger verstanden. Viele von ihnen entstammten dem Umkreis Johannes des Täufers und der Qumran-Gemeinde. Sie nahmen deshalb später wieder die einfach verständlichen eschatologisch geprägten Ideen Johannes des Täufers auf.[53] Als Jesus mehr und mehr zu einer Kultfigur umfunktioniert wurde, unterlegten sie seine Taten und Handlungen mit »Erinnerungen«, die nur in den wenigsten Fällen auf Jesus selbst zurückgingen. Vieles entnahmen sie dem überlieferten Wissen, von dem sie ein Gutteil in der Griechischen Bibel fanden. Zu ihren eigenen Vorstellungen, daß Jesus der erwartete Messias sei, paßten die Ansichten des Johannes.

Am Ende bleibt eines zu konstatieren: Der Jesus, der uns aus den Evangelien entgegentritt, ist eine Kunstfigur. Freilich ist sie auch aus Spuren des Menschen Jesus aufgebaut – Spuren, die weitgehend unter den bevorzugten Glaubenshaltungen der Anhänger verborgen geblieben sind. Daß diese Glaubenshaltungen keineswegs einheitlich waren, sondern vielmehr verschiedenen Absichten und Motiven unterstanden, zeigt bereits ein oberflächlicher Blick auf die Schriften, die das Neue Testament ausmachen: Zahlreiche Widersprüche sind offensichtlich, sogar in den Texten, die einem Autor zugeschrieben werden. Von einer unfehlbaren, göttlich inspirierten Schrift, wie die katholische Kirche später behauptete, kann beim Neuen Testament keine Rede sein, denn diese würde Widersprüche ausschließen. Es würde sich auch ein einheitliches Bild von Jesus ergeben. Dennoch herrscht zwischen den theologischen Interpreten, welche die Unfehlbarkeit der Evangelien voraussetzen, überhaupt keine Einigkeit über Jesus, sein Wirken und seine Mission. Die Evangelien sind ein in vielen Jahrzehnten gewachsener Textkörper, unter dessen Wortlast die Spuren des Menschen Jesus fast verlorengegangen sind. Zweifellos ist es eine lohnende Arbeit, sie wieder langsam ans Tageslicht zu heben. Als Frucht dieser Mühe erscheint im Ur-Evangelium ein Jesus, dem nachzufolgen eine wahrhaft gewinnbringende Tat wäre, anstatt einem Glauben zu vertrauen, den Kirchenfunktionäre in die Welt gesetzt haben, um sich mit den politisch Mächtigen zu arrangieren und um selber Mächtige über Massen von unmündigen Menschen zu werden.

Zweiter Teil

Was Jesus wirklich sagte

*Die Entdeckung und
Neuübersetzung der authentischen
Worte Jesu*

von Herbert Ziegler

A Einführung

Rückfrage nach Jesus

Das Thema »Jesus« ist das Thema meines Lebens. Es war das Thema meines lebenslangen Suchens. Es ist die Antwort auf meine letzten Lebensfragen und die Quelle meiner tiefen Freuden.
Über keinen Menschen wurden so viele Bücher geschrieben wie über Jesus. Und kein Mensch hat so viele Rätsel aufgegeben wie er. Die wichtigsten und ergiebigsten Quellen über sein Leben und seine Botschaft sind die vier in griechischer Sprache geschriebenen Evangelien von Markus, Matthäus, Lukas und Johannes. Ihr historischer Wahrheitsgehalt ist allerdings recht fragwürdig. Sie wurden immerhin von der Kirche in der Zeit bis 400 n. Z. als kanonisch anerkannt. Daneben gab es in etwa 50 sogenannte »apokryphe« Evangelien; das bekannteste unter ihnen ist das Thomasevangelium.
Jedes der vier kanonischen Evangelien um Markus, Matthäus, Lukas und Johannes zeigt besondere Schwerpunkte. Da Jesus aber schließlich nur eine einzige Botschaft verkündet haben kann, ist es verständlich, daß wiederholt die Vereinigung aller vier Evangelien zu einer einzigen »Evangelienharmonie« versucht wurde. Besonders erwähnenswert ist die älteste Evangelienharmonie. Sie wurde in der zweiten Hälfte des 2. Jh. von dem aus Mesopotamien stammenden Tatian unternommen. Diese Evangelienharmonie trug den griechi-

schen Namen »Diatessaron« und fand in jungen Christengemeinden weite Verbreitung. Sie ist nur in Fragmenten erhalten und mit Hilfe späterer Kommentare rekonstruierbar. Sie war in syrischer (oder griechischer) Sprache verfaßt. Die althochdeutsche Übersetzung aus dem Mittelalter war mitbestimmend für die Entstehung des altsächsischen Gedichtes »Heliand«.

Der Zweck dieses Buches ist eine zusammenfassende Übertragung der vier kanonischen Evangelientexte in einem einzigen Text. Das völlig Neue dieser Übersetzung aber ist: Ich führte sie anhand des heutigen Erkenntnisstandes der wissenschaftlichen Forschung nach dem geschichtlichen Wahrheitsgehalt der vier überlieferten griechischen Evangelientexte durch. Damit lege ich dem Publikum eine Evangelienübersetzung vor, die erstmals den Anspruch erheben darf, die inhaltlich (nicht wortwörtlich) authentische, historisch glaubwürdige und »glaubenswürdige« Übersetzung des Evangelium Jesu zu sein.

Diese Übersetzung habe ich in Angriff genommen, weil die Rückfrage nach dem historischen Jesus eine berechtigte und für viele eine entscheidende Frage ist. Eine berechtigte Frage für jedermann, weil Jesus der Ursprung einer Bewegung war, die zu einem wichtigen Faktor in der Weltgeschichte wurde. Und eine entscheidende Frage für den Christen, weil er glaubt, daß Jesus der bevollmächtigte Sprecher Gottes war. Für ihn hat die Rückfrage nach dem authentischen Jesus nicht nur historisches Interesse, sondern existentielles Gewicht: »Authentische Botschaft Jesu« bedeutet für ihn »Botschaft Gottes«. Und eine entscheidende Frage ebenfalls für denjenigen, der Klarheit gewinnen möchte, ob Jesus der bevollmächtigte Sprecher Gottes gewesen sein könnte oder es sogar gewesen ist.

Der Christ, der »Christ-Sein« als Nachfolge Jesu versteht, erwartet mit seiner Rückfrage nach Jesus auch eine vorgelebte fundamentale Verhaltensorientierung. Und schließlich hat der Christ auch ein Recht auf diese Rückfrage, wenn er sich ein Bild darüber machen möchte, ob die Kirche, der er angehört, in Praxis und Lehre den Spuren des historischen Jesus folgt.

Die wissenschaftliche Suche nach dem Wahrheitsgehalt der überlieferten Evangelientexte

Alle rationalen Versuche, auf die Frage nach dem Sinn des Lebens und nach dem, was nach dem Tod kommt und hinter der sichtbaren Welt liegt, beweisbare und unwiderlegbare Antworten zu finden, bleiben ein Suchen im Dunkel, weil unser Verstand nur unsere Erfahrungswelt zu erfassen, nicht aber deren Grenzen zu überschreiten vermag. Am Ende allen rationalen Suchens steht der Mensch als Agnostiker da und muß, wenn er ehrlich ist, bekennen: »Ich weiß, daß ich nichts weiß« – »und bin so klug als wie zuvor.«
Und die irrationalen Vorstellungen von Gott oder Göttern und Überwelt, die aus Lebensangst, aus Hunger nach Glück, Gerechtigkeit und Unvergänglichkeit oder aus Bewunderung von Ordnung und Schönheit in Natur und Kosmos geboren werden? Sie können richtig sein; aber sind sie es auch wirklich? Sie bleiben subjektive Projektionen ohne objektive Wahrheitsgarantie. Informationen über eine Welt jenseits unserer erfahrbaren Welt wären nur dann sicher, wenn sie aus der jenseitigen Welt kämen. Den Anspruch, Empfänger solcher jenseitiger Offenbarungen und deren bevollmäch-

tigte Botschafter an die Welt zu sein, erhoben vor allem altjüdische Propheten, Jesus von Nazaret und Mohammed, die Begründer der drei Weltreligionen. Die Entscheidung, wer von diesen das Vertrauen verdient, wirklich ein authentischer Sprecher Gottes gewesen zu sein, bleibt jedem Menschen anheimgestellt. Diese Entscheidung kann der Mensch aber nur fällen, a) wenn er die Botschaft des in Frage stehenden Sprecher Gottes kennt, und b) wenn ihm diese Botschaft unverfälscht vorliegt.

Im Falle von Jesus nun ist es das eminente Verdienst der geschichtskritischen Evangelienforschung, den geschichtlich gesicherten Inhalt der Botschaft Jesu aus den überlieferten Evangelientexten weitgehend herausgeschält zu haben und uns damit in die Lage zu versetzen, zur unverfälschten Botschaft Jesu Stellung nehmen zu können.

Die geschichtskritische Forschung identifizierte große Textteile der Evangelien als mythische Erzählungen oder Ergänzungen, denen keine historischen Fakten entsprechen, und konnte auch erklären, warum und wie diese Mythen entstanden sind. Trotz unüberwindlich scheinender Schwierigkeiten, trotz Irrwegen und trotz Enttäuschung überspitzter Erwartungen, die in die geschichtskritische Bibelwissenschaft gesetzt wurden, gelang es ihr jedoch, aus den überlieferten Texten den historischen Jesus und seine geschichtlich gesicherte Botschaft herauszufinden und vom mythischen Überlieferungsmaterial abzugrenzen.

Eugen Drewermann hat den tiefenpsychologisch erschließbaren Reichtum des urmenschlichen Mythos in den Evangelien und dessen Bedeutung als geeigneten Zugang zur Botschaft Jesu erkannt, aber betont, daß es sich um Mythos und nicht um historische Berichte handelt, und damit die Bedeutung unterstrichen, die der Identifizierung des historischen

Jesus und seiner historischen Botschaft zukommt. Der Konflikt Drewermanns mit der Amtskirche hat allerdings gezeigt, wie weit sich das Christentum der klerikalen Amtskirche vom Jesus der Geschichte entfernt hat.

Noch bis vor wenigen Jahren wäre die Absicht einer Neuübersetzung jener Teile aus den Evangelien, die wirklich auf Jesus zurückgehen und keine späteren Hinzufügungen sind, eine Illusion gewesen. Der anfänglich aussichtslos erscheinende, aber schließlich überraschend erfolgreiche Vorstoß von der geschichtlichen Fragwürdigkeit der überlieferten Evangelientexte zu einer geschichtlicher Wahrheit erforderte zwei Jahrhunderte historischer Forschungsarbeit.

Die *überlieferten* Evangelientexte hatten berichtet, Jesus sei Gottes Sohn gewesen, er sei nicht von einem Mann gezeugt worden, sondern von einer Jungfrau geboren worden, er habe Tote zum Leben erweckt, Aussätzige geheilt, Brote und Fische tausendfach vermehrt, und schließlich sei er nach seinem Tod am Kreuz aus dem Grab auferstanden und in den Himmel entschwebt. In den Evangelien kann man lesen, Jesus habe die »Frohbotschaft« von einer glücklichen Welt verkündet, gleichzeitig aber habe er einen grauenvollen Weltuntergang prophezeit und Verfluchungen ausgesprochen; er habe für den Frieden plädiert und zugleich für das Schwert; er habe Gott als einen zärtlich liebenden Vater beschrieben, der Gute und Böse gleichermaßen liebe, zugleich aber die Bösen in eine ewige Hölle werfe; und schließlich sei Jesus zur Versöhnung dieses liebenden Gottes mit den sündigen Menschen am Kreuz als Menschenopfer gestorben.

Die heutigen Erkenntnisse sehen ganz anders aus. Gewonnen wurden sie in zwei Phasen:

Die erste Phase, die sogenannte geschichtskritische Evangelienforschung, befaßte sich mit den Evangelientexten bis zur

Kreuzigung Jesu. Sie begann 1774 mit der anonymen Publikation eines Werkes von Samuel Reimarius durch Gotthold Ephraim Lessing und dauerte bis 1992, als sie durch die Überraschungen, welche die Publikationen von Elmar R. Gruber und Holger Kersten[54] auslösten, ihr jähes Ende fand.

Einen zusammenfassenden Bericht über diese erste Phase der geschichtskritischen Evangelienforschung habe ich in meinem Buch »Wehe euch, ihr Heuchler!« veröffentlicht:[55] Ich berichtete über ihre Methoden, über ihre Kriterien für geschichtliche Wahrheitsfindung und über die diversen Ursachen für unhistorische Textteile. Zu letzteren zählten u. a. der eingeschränkte Lebens- und Erfahrungshorizont der damaligen Menschen, die Vermischung von mythisch-symbolischer Bedeutung mit geschichtlicher Wirklichkeit, falsch verstandene Worte zu den judäischen Schriften, die Aufnahme fremder Vorstellungen wie Apokalyptik und Eschatologie und der verklärende Einfluß des Glaubens an die Auferstehung von den Toten auf die Wiedergabe von Worten und Begebenheiten Jesu und nicht zuletzt gezielte Textfälschungen in den Schreibstuben der frühen Theologen.

An geschichtlichen Daten Jesu können den Evangelien lediglich folgende entnommen beziehungsweise aus ihnen abgeleitet werden:

Jesus stammte aus Nazaret in Galiläa und wurde in einem der letzten Jahre vor unserer Zeitrechnung geboren.[56]

Er begann sein öffentliches Auftreten nach seiner Taufe durch Johannes, kurz nachdem dieser seine Tätigkeit im Jahr 28/29 begonnen hatte.[57]

Er wurde in Jerusalem im Jahr 30 oder 31 gekreuzigt. (Die verfügbaren Traditionen und astronomischen Berechnungen ergeben als wahrscheinlichstes Datum seiner Kreuzigung den 7. April 30.)[58]

Die Auferstehung Jesu von den Toten aber und die Ereignisse von der Kreuzigung Jesu bis zum Ende der Evangelienberichte verblieben weiterhin ungeklärt und im Dunkeln. Eine authentische Wiedergabe des Evangeliums Jesu war folglich nicht möglich, und auch ich mußte zunächst meine Hoffnungen begraben, eine solche Darstellung erreichen zu können.

Da begann 1992 mit den gemeinsamen Publikationen von Elmar R. Gruber und Holger Kersten *die zweite Phase* der Suche nach dem Wahrheitsgehalt der überlieferten Evangelientexte.

Der eigentliche Gegenstand ihrer Studie war nicht die Suche nach der Authentizität der überlieferten Evangelientexte, sondern das Thema des sogenannten »Grabtuchs von Turin«. Die intensive Auseinandersetzung mit dem Grabtuch von Turin führte sie jedoch in kürzester Zeit zu einer ganzen Fülle neuer und umwälzender Erkenntnisse, die alle von der geschichtlichen Evangelienforschung offen gelassenen Fragen beantworten und den wirklichen Verlauf der Ereignisse, angefangen von der Kreuzigung Jesu an bis zum Ende der überlieferten Evangelienberichte, aufdecken konnten.

Sie konnten nicht nur beweisen, daß das Grabtuch von Turin das gesuchte Linnentuch von Jerusalem ist und daß dieses Linnentuch den gekreuzigten Jesus von Nazaret einhüllte und sein leibhaftiges Abbild trägt. Bedeutender noch und geradezu wegweisend war aber ihr Nachweis, daß Jesus nicht tot war, als er in diesem Linnentuch lag, sondern noch lebte, und daß folglich alle Ereignisse, angefangen vom zweifelhaften Tod Jesu am Kreuz, völlig anders verliefen, als bei einer oberflächlichen Leseweise der überlieferten Evangelientexte naheliegt. Durch diese Erkenntnis gelang Gruber

und Kersten schließlich auch die Begründung, daß der Lehre von der Auferstehung Jesu von den Toten kein historisches Faktum entsprach.
Ausgehend von dem medizinischen und historischen Zeugnis, daß bei einer Verurteilung durch Pilatus um neun Uhr morgens Jesus an den Folgen seiner Kreuzigung gewiß nicht vor drei Uhr desselben Nachmittags sterben würde, war es für Gruber und Kersten klar, daß in den Augen des Josef von Arimatäa und Nikodemus nur eine frühzeitige Kreuzabnahme Jesus von dem gewaltsamen und grausamen erzwungenen Tod bewahren konnte, der jedem Gekreuzigten drohte, der an einem großen Sabbatfest noch lebend am Kreuze hing. Josef von Arimatäa und Nikodemus mußten alles daransetzen, Jesus durch ihre frühzeitige Kreuzabnahme doch noch retten zu können.
Die beiden Freunde Jesu faßten den Plan, Jesus vor einem solchen grausamen Schicksal zu bewahren. Josef von Arimatäa und Nikodemus verabreichten Jesus einen Betäubungstrank, der schlagartig eine tiefe Bewußtlosigkeit auslöste und einen plötzlichen, frühzeitigen Tod vortäuschte; unter der Vortäuschung einer anschließenden Leichenbestattung führten sie dann im Schutz der Abgeschiedenheit einer nahe gelegenen Grabkammer unbeobachtet eine Heilbehandlung an Jesus aus.
Einen triftigen Grund zu dieser Annahme lieferte den Autoren der Hinweis im Johannesevangelium, daß Nikodemus erstens eine Mischung von Myrrhe und Aloe mitgebracht habe und zweitens in einer erheblichen Menge. Solche Mischungen und in solcher Quantität waren damals erprobte und erfolgreiche Mittel zur Behandlung und Heilung schwerer Wunden. Bei Begräbnisriten spielten sie keine Rolle. Nikodemus konnte also nur an die Rettung eines Schwerver-

wundeten gedacht haben, aber nicht an die Bestattungszeremonie eines Toten. Nach der üblichen Genesungsruhe übergaben sie Jesus aus dem Grabversteck in die Pflege ihrer Freunde.

Dieses Unternehmen der beiden Freunde Jesu mußte natürlich völlig geheim bleiben; und es blieb in der Tat geheim, und die vorgetäuschten Eindrücke waren so überzeugend, daß sogar die Autoren der griechischen Evangelientexte sie ohne weiteres für Tatsachen hielten und auch als solche berichteten.

Die im Lukasevangelium erwähnten »zwei Männer in strahlendem Gewand«, denen Maria, die Mutter des Jakobus, und Salome dann im leeren Grab begegneten, und der im Markusevangelium erwähnte »junge Mann mit einem weißen Gewand«, den das Matthäusevangelium als »Engel« bezeichnet, sowie die »zwei Männer in weißem Gewand«, die ein paar Wochen später beim Tod Jesu anwesend waren, gehörten offensichtlich alle der mit Josef von Arimatäa und Nikodemus in Verbindung stehenden Glaubensgemeinschaft der Essener an. Denn es wird ausdrücklich erwähnt, daß die Essener weiße Gewänder trugen, die ein charakteristisches Kennzeichen dieser religiösen Gemeinschaft waren. Mitglieder der Essener-Gemeinde waren demnach offenbar am ganzen Unternehmen von Josef von Arimatäa und Nikodemus beteiligt. Daraus wird auch die Heilbehandlung an Jesus verständlich, zumal die Essener für ihre Kenntnisse und Fähigkeiten als Heiler bekannt waren.

Die Erzählungen der Evangelien von den »Erscheinungen des auferstandenen Jesus« sind, abgesehen den dramatisierten Darstellungen, Jesus sei seinen Schülern wie ein Geist durch verschlossene Türen erschienen, bei näherem Zusehen überaus realistische Berichte über das Wiedersehen des von seiner Passion genesenden Jesus mit Maria von Magdala und seinen Schülern. In allen diesen Berichten geht es Jesus darum, seine engsten Schüler zu überzeugen, immer noch am Leben zu sein: Sie fassen ihn an, er spricht und ißt mit ihnen.

Und sind die Worte Jesu zu Maria von Magdala »Berühre mich nicht! Ich bin noch nicht zum Vater hinaufgestiegen, aber ich werde zu ihm hinaufsteigen«, nicht in ähnlicher Weise eine Umschreibung für: »Ich bin noch nicht gestorben, aber ich werde bald sterben«? Damit wird auch das letzte »übernatürliche« Ereignis verständlich: Die sogenannte »Himmelfahrt« Jesu war eine damals übliche Umschreibung für seinen Tod ein paar Wochen nach der Kreuzigung.

Die radikale Umwandlung der schwachen Schüler Jesu in völlig neue Menschen kann kaum aus jenen Tagen ihres Wiedersehens mit dem genesenden Jesus stammen. Da bewegten sie vielmehr Zweifel und Mutlosigkeit, als Freude. Der Mut und die Kraft, »die frohe Botschaft vom Reich Gottes« zu verkünden, alle Menschen zu Jesu Schülern zu machen, und die beglückende Erfahrung der »Erhöhung des gekreuzigten Jesus zum Christus in die Herrlichkeit Gottes« kamen über die Schüler erst im Pfingstereignis.

Mit dieser Fülle neuer und umwälzender Erkenntnisse können jetzt genau jene Textteile verstanden werden, die bis vor kurzem noch zur Übersetzung des ganzen Ur-Evangeliums Jesu fehlten und die vor zwei Jahrhunderten begonnene wissenschaftliche Suche nach dem Wahrheitsgehalt der überlieferten Evangelien abschließen. Der Wunsch, das historisch authentische Evangelium zu kennen, ist kein illusorischer und unerfüllbarer Wunsch mehr. Dieses Ur-Evangelium – das »Evangelium Jesu« – liegt jetzt tatsächlich vor uns.

Das geistige Vor- und Umfeld zum Evangelium Jesu

Als mein Übersetzungstext abgeschlossen vor mir lag, las ich das Buch »Der Ur-Jesus: Die buddhistischen Quellen des Christentums« von Elmar R. Gruber und Holger Kersten. Ich möchte meinen Lesern empfehlen, dasselbe zu tun, bevor sie zur Lektüre des Übersetzungstextes greifen; es dürfte ähnlich wie für mich auch für sie der Eindruck einer überraschenden Ausweitung des Vor- und Umfeldes entstehen, das sich vor Jesus bei der Verkündigung seines Evangeliums vor ihm ausbreitete. Es war praktisch die gesamte Kulturwelt der damaligen Zeit. Überraschend dürfte für manchen die intensive Präsenz der damals bereits fünf Jahrhunderte alten buddhistischen Lehre in diesem Kulturraum sein und die Ähnlichkeit der Ratschläge des Gesetzes Buddhas »Überwinde Haß durch Liebe« mit jenen der Bergpredigt Jesu »Liebt eure Feinde«.
Jesus lebte zwar das Leben seines Landes und seiner Landsleute und verkündete das Evangelium in diesem bescheidenen Rahmen. Für viele war er nur wie ein lokaler Wanderprediger. Aber seine Botschaft galt der ganzen Welt. Der Zeit des menschlichen Sehnens folgt die Antwort Jesu von der göttlichen Erfüllung.
In der Zeit von 800 bis 200 v.Z. trat im evolutionären Bewußtsein des Menschen ein Neuaufbruch ein. Es entstand das Suchen und Sehnen nach einer besseren unbekannten Welt, nach Wahrheit, Glück und Heil. Da kam Jesus und verkündete, daß dieses Suchen, das eben doch immer nur ein Suchen blieb, ein Ende hat, daß diese Zeit erfüllt ist und daß Gott die menschliche Liebe ist, die diesem menschlichen Suchen eine souveräne Antwort und Erfüllung bringt.
Jesus sprach von Gott wie von einem leiblichen Vater mit

solcher Nähe, Unmittelbarkeit und Selbstverständlichkeit, wie wir von unseren alltäglichen sinnenhaften Wahrnehmungen sprechen, daß die Zuhörer überzeugt waren, Jesus hat diesen Gott unmittelbar erlebt und erfahren. Sie waren außer sich über solche Souveränität und Vollmacht.

Gott – die menschliche Liebe, aber die Liebe eines unergründlichen Gottes

Jesus brachte die Botschaft von Gott, daß er Liebe ist und den Menschen die Erfüllung ihres Suchens und Sehnens bringt. Ja, es war die Botschaft von einem Gott voller menschlicher Liebe, jedoch von einem unergründlichen Gott. Denn seine Schöpfung ist voller grausamer Folgen, die unvermeidlich aus Gottes Naturgesetzen resultieren. Ich glaube, das Letzte, Neueste und Geheimnisvollste in der Seele Jesu war sein Vertrauen, das er trotz dieser grausamen Aspekte der Natur in die Unendlichkeit der Liebe Gottes setzte. Woher hatte er es?

Wohl nur kraft dieses Vertrauens konnte Jesus seinen großen Auftrag an die Menschen verkünden, die Liebe Gottes in sich selber aufzunehmen, sie zu ihrer eigenen zu machen und mit tatkräftigen Händen als Vertreter Gottes dessen unvollendetes, unergründliches Schöpfungswerk fortzuführen, wie Jesus es selber mit den damals verfügbaren Mitteln begonnen hatte.

Jesu Auftrag an die Menschen lautete damals und heute, Unheil zu heilen, den Verachteten und Ausgestoßenen ihre Ängste zu nehmen, sie zum gemeinsamen Tisch zu laden, Haß und Feindschaft in Liebe zu wandeln und aus der

ganzen Menschheit eine Gesellschaft universeller Solidarität zu machen: *Das Reich Gottes*, bis schließlich die Welt Gottes und unsere Welt zu einer Ewigkeit unendlicher Liebe zusammenfließen.
Es ist zutiefst traurig, daß die Kirchen und Konfessionen, die sich als die Erben und verantwortlichen Verkünder des Evangeliums betrachteten, während zweier Jahrtausende so viel davon vergessen haben, so viel davon in eigene Glaubens- und Machtsysteme umgewandelt haben, diese als das angebliche Evangelium ausgaben und für sich vereinnahmten. Das brachte viel Unglück über die Welt.
Um so größer ist das Glück, daß jetzt das wahre Evangelium wiedergefunden wurde. Möge es gelingen, auch zu erkennen, daß es der wertvollste spirituelle Schatz der Menschheit ist und der ganzen Welt gehört.

Die redaktionelle Gestalt des Übersetzungstextes

Nach Jahren der Suche und Forschung lag endlich die geschichtliche Wahrheit über die Ereignisse vor mir, die sich vom fragwürdigen Tod Jesu am Kreuz bis zum Ende der überlieferten Evangelienberichte zugetragen hatten. Ich mußte sie nur noch redaktionell sinnvoll zu einem Ganzen zusammenzufügen.
Ich folgte dabei nach Möglichkeit der Anordnung des Markusevangeliums, weil es das älteste ist und dem geschichtlichen Jesus am nächsten kommt. Die Bergpredigt und die anderen Predigten sowie die Gleichnisse setzte ich an den Anfang.
Der so entstandene Text des Ur-Evangeliums ist in durch-

gehend numerierte Abschnitte geteilt. Zwecks klarerer Übersicht und präziser Zitierung sind viele Abschnitte in Unterabschnitte geteilt. Als Marginalien sind die entsprechenden Stellen der vier überlieferten kanonischen Evangelientexte angeführt (für Markus »Mk«; für Matthäus »Mt«; für Lukas »Lk« und für Johannes »Jh«). Soweit das apokryphe Thomasevangelium Parallelen zu den kanonischen Texten aufweist, sind sie ebenfalls zitiert (»Th« für Thomas und die entsprechende Numerierung der einzelnen Verse). Von den Evangelienfragmenten, die zitiert werden, wird das Egerton-Evangelium als »EgerEv« abgekürzt. Sofern sich die ursprünglichen Quellen ausmachen lassen, die den Autoren der Evangelien für die Komponierung ihrer Texte vorlagen, sind diese ebenfalls angegeben, die Abkürzung »Q« steht dabei für die Spruchquelle.

Die in Klammern gesetzten Worte oder Sätze sind erklärende Ergänzungen und stammen nicht aus den griechischen Evangelientexten.

Die hochgestellten Zahlen verweisen auf die Anmerkungen am Ende des Buches.

Die vorliegende Übersetzung basiert auf dem griechischen Text der synoptischen Evangelien, veröffentlicht von B. und K. Aland, Novum Testamentum Graece (»Nestle«, Stuttgart, 26. Aufl., 1979).

Die biblischen Eigennamen sind gemäß dem »Ökumenischen Verzeichnis der biblischen Eigennamen nach den Loccumer Richtlinien« (Stuttgart 1981) geschrieben.

B Das Ur-Evangelium – der Text

I *Aufbruch*

1 Die Schreckenspredigt des Johannes

1. Im 15. Jahr der Regierung des Kaisers Tiberius, als Pontius Pilatus Präfekt über Judäa, Herodes Vierfürst über Galiläa, dessen Bruder Philippus Vierfürst über die Gegend von Ituräa und die Trachonitis, und Lysanias Vierfürst über Abilene war, unter den Hohenpriestern Hannas und Kajaphas, trat der in der Wüste lebende Johannes, der Sohn des Zacharias, an die Öffentlichkeit. Lk 3,1-2
2. Er predigte am Jordan eine Taufe der Umkehr zur Vergebung der Sünden und sagte (u. a.): »Ihr Natterngezücht! Wer hat euch gesagt, ihr könntet dem kommenden Zorngericht entgehen? Die Axt ist schon an die Wurzel der Bäume gelegt. Jeder Baum, der keine Frucht bringt, wird umgehauen und ins Feuer geworfen.« Mk 1,1-13
Mt 3,1-17
Lk 3,3-23
Ganz Judäa und Jerusalem zog zu ihm hinaus und ließ sich von ihm taufen. In jenen Tagen kam auch Jesus, der aus Nazaret in

Galiläa stammte und ungefähr dreißig Jahre alt war, zu Johannes und ließ sich von ihm im Jordan taufen. Dann ging Jesus in die Wüste und war dort viele Tage.

2   Die Frohbotschaft Jesu

Mk 1,14–15
Mt 4,12–16
Lk 4,14

Nachdem Johannes verhaftet worden war, ging Jesus nach Galiläa und verkündete dort die Frohbotschaft Gottes:
»Die Zeit ist erfüllt!
Das Gottesreich ist gekommen!
Denkt um! Glaubt an die Frohbotschaft!«

3   Erste Schüler

Mk 1,16–20
Mt 4,17–22
Vgl. Lk 5,1–11
Vgl. Jh 21,1–8
Quelle: Markus

Als Jesus am Ufer des Sees von Galiläa entlangging, sah er Simon, der Petrus genannt wird, und dessen Bruder Andreas das Netz auswerfen. Und als er weiterging, sah er Jakobus und Johannes, die Söhne des Zebedäus, wie sie im Boot die Netze zurechtmachten. Sie waren alle Fischer.
Jesus lud sie ein, ihm zu folgen, und sagte zu ihnen: »Ich werde euch zu Menschenfischern machen.« Sie wurden seine Schüler.

II *In Galiläa*

Die Bergpredigt

Als Jesus die Menschenmenge sah, die ihm folgte, stieg er auf den Berg, setzte sich und lehrte sie: Mt 5,1   Quelle: Q

4 Freut euch!

Hört die Frohbotschaft, die ich euch verkünde:
Den Armen gehört das Gottesreich.
Wer hungert, wird satt sein.
Wer weint, wird fröhlich sein.
Und wenn die Leute euch meinetwegen hassen, dann freut euch und tanzt!

Mt 5,2-12
Lk 6,20-26
Th 54
Th 68,1-2, 69,1-2
Quellen: Q, Thomas

5 Neues Ethos

1. Ihr habt gehört, Gott habe zu den Vorfahren gesagt: »Du sollst nicht morden. Wer mordet, verfällt dem Gericht.«
Ich sage euch: Jeder, der gegen seinen Bruder böse denkt, verfällt dem Gericht.

Mt 5,21-22
Quellen: Matthäus, Q

2. Ihr habt gehört, Gott habe den Vorfahren gesagt: »Du sollst nicht ehebrechen.«
Ich sage euch: Jeder, der eine verheiratete Frau mit der Absicht anschaut, sie zu besit-

Mt 5,27-28
Quellen:
Griechische Bibel,
überliefertes Wissen

zen, hat im Herzen mit ihr die Ehe bereits gebrochen.

Mt 5,33–37
Jak 5,12
Quellen: Matthäus, Jakobusbrief

3. Seid wahrhaftig! Euer Wort gelte. Das Ja sei ein Ja, und das Nein sei ein Nein. Was darüber hinausgeht, ist vom Bösen.

Mt 5,38–48
Lk 6,27–37
Vgl. Lk 34, 35c;
Th 95,1–2
Quellen: Thomas, Q, Markus, Lukas, überliefertes Wissen

4. Laß dich nicht von bösen Menschen zur Feindseligkeit herausfordern. Wenn dich einer (voller Verachtung) auf die rechte Wange schlägt, dann halte ihm auch die andere hin. Wenn dich einer vor Gericht bringen und dein Hemd pfänden will, dann laß ihm auch deinen Mantel. Und wenn dich einer (gemäß der römischen Besatzungsvorschrift) zu einer Meile Frondienst zwingt, dann geh mit ihm zwei Meilen. Wer dich bittet, dem gib. Und wer von dir borgen will, dem kehre nicht den Rücken.

Liebt eure Feinde und tut jenen Gutes, die euch hassen, damit ihr Gott, eurem Vater, ähnlich werdet, der seine Sonne aufgehen läßt über Böse und Gute und den Regen fallen läßt über Gerechte und Ungerechte.

Wenn ihr die liebt, die euch lieben, wo ist da diese Liebe? Und wenn ihr denen Gutes tut, die euch Gutes tun, wo ist da diese Liebe? Und wenn ihr denen leiht, von denen ihr auf Rückgabe hofft, wo ist da diese Liebe?

Seid voller Liebe, wie euer Vater voller Liebe ist und keinen Menschen von ihr ausschließt!

6 Habt Vertrauen!

1. Sorgt nicht voller Angst für euer Leben, was ihr essen oder was ihr trinken werdet, oder für euren Leib, was ihr anziehen werdet. Ist das Leben nicht mehr als das Essen und der Leib nicht mehr als die Kleider?
Seht die Raben! Sie säen nicht, sie ernten nicht und sammeln nicht in Scheunen. Gott ernährt sie. Seid ihr nicht viel mehr als sie?
Seht die Feldblumen! Sie spinnen nicht und weben nicht. Und nicht einmal Salomo in seiner ganzen Pracht war gekleidet wie eine von ihnen. Wenn Gott schon das Gras, das heute auf dem Feld steht und morgen in den Ofen geworfen wird, so kleidet, wieviel mehr wird er für euch sorgen! Ihr habt so wenig Vertrauen.
Fragt euch also nicht voller Angst: »Was werden wir essen?« oder »Was werden wir trinken?« oder »Was werden wir anziehen?« Um das alles sorgen sich jene, die Gott nicht kennen. Euer Vater weiß ja, daß ihr das braucht. Nein, sorgt vielmehr dafür, daß das Gottesreich kommt; dann wird Gott euch das alles dazugeben.

Mt 6,25–34
Lk 12,22–34
Th 36
Quellen: Q, Thomas

2. Bittet, und Gott wird euch geben. Sucht, und ihr werdet finden. Klopft an, und Gott wird euch einlassen. Es gilt ja schon unter den Menschen:
»Wer bittet, dem wird gegeben. Wer sucht, der findet. Wer anklopft, dem wird geöffnet.«

Mt 7,7–11
Lk 11,9–13
Th 2,1–4; 92,1; 94,1–2
Quellen: Q, Thomas

Was müßte das für ein Mensch sein, der seinem Kind einen Stein gäbe, wenn es ihn um Brot bittet? Oder eine Schlange, wenn es ihn um einen Aal bittet? Wenn also schon ihr, die ihr (gemessen an Gott) böse seid, euren Kindern Gutes gebt, wieviel mehr wird Gott, euer Vater, denen Gutes geben, die ihn bitten!

7 Vergebt, dann erst betet!

Mt 5,23-24
Quellen: Matthäus, Q

1. Wenn du deine Gabe zum Opferaltar bringst, und dort fällt dir ein, daß dein Bruder etwas gegen dich hat, dann laß deine Opfergabe vor dem Opferaltar liegen, geh zu deinem Bruder und versöhne dich mit ihm. Dann komm zurück und dann erst bringe deine Opfergabe dar.

Mk 11, 25
Mt 6,14-15
Quellen: Markus, Q

2. Wenn ihr zum Beten getreten seid, aber gegen jemanden etwas habt, vergebt ihm zuerst. Dann wird Gott, euer Vater, auch euch eure Verfehlungen vergeben.

8 Schaut unvoreingenommen in die Welt!

Mt 6,22-23
Lk 11,34-36
Quelle: Q

Durch deine Augen nimmst du das Licht in dich auf. Wenn deine Augen ungetrübt sind, dann siehst du alles klar und hell. Wenn sie aber schlecht sind, dann siehst du alles trüb und dunkel. Sieh also zu, daß deine Augen ungetrübt sind.

Wenn du die ganze Welt unbefangen und unverbogenen Sinnes anschaust, dann wirst du sie auf einmal im strahlenden Lichte (Gottes) sehen.

9 Verurteilt nicht!

1. Wie kommt es? Den Splitter im Auge deines Bruders siehst du, und den Balken im eigenen Auge bemerkst du nicht. Wie kannst du zu deinem Bruder sagen: »Bruder, erlaube mir, daß ich dir den Splitter aus dem Auge ziehe«, und bemerkst nicht den Balken im eigenen Auge? Du Heuchler! Entferne zuerst den Balken aus dem eigenen Auge. Dann wirst du klar sehen, und dann kannst du den Splitter aus dem Auge deines Bruders entfernen.
Mt 7,3–5
Lk 6,41–42
Th 26,1–2
Quellen: Q, Thomas

2. Verurteilt nicht. Und Gott wird euch nicht verurteilen.
Mt 7,1a
Lk 6,36–37b
Quelle: Q

3. Mit dem Maß, mit dem ihr anderen zuteilt, wird Gott euch zuteilen. Und er wird euch noch mehr geben.
Mk 4,24
Mt 7,2
Lk 6,38
Quellen: Q, Markus

10 Entweder Gott oder Geld

1. Verkauft euren Besitz und gebt Almosen. Macht euch Geldbeutel, die nicht alt werden. Legt bei Gott einen bleibenden Schatz an, an
Mt 6,19–21
Lk 12,33–34
Th 76,3

den kein Dieb herankommt und den keine Motte zerfrißt.

Mt 6,24
Lk 16,13
Th 47,2
Quellen: Q, Thomas

2. Niemand kann zwei Herren dienen. Entweder wird er den einen ablehnen und den andern lieben. Oder er wird zum einen halten und den andern verachten. Gott *und* dem Mammon dienen, das werdet ihr nicht können.

11 Hört auf mich!

Mt 7,24–27
Lk 6,47–49
Quelle: Q

Wer zu mir kommt, meine Worte hört und danach handelt, gleicht einem klugen Mann, der sein Haus auf Felsengrund gebaut hat. Es fiel der Regen, die Fluten kamen, die Stürme tobten und schlugen gegen das Haus, aber es stürzte nicht ein.
Jeder aber, der meine Worte hört und nicht danach handelt, gleicht einem törichten Mann, der sein Haus auf Sand gebaut hat. Der Regen fiel, die Fluten kamen, und die Stürme tobten und schlugen gegen das Haus, und es stürzte zusammen. Das Unglück war ungeheuer.

Mt 7,28–29; 8,1

Die Menschenmenge war außer sich. Jesus lehrte wie jemand, der die Vollmacht dazu hat, und anders als die Schriftgelehrten.

Aus verschiedenen Predigten
(Bei anderen Gelegenheiten sagte Jesus:)

12 Zeitenwende

1. Glücklich die Augen, die sehen, was ihr seht! Ich sage euch, viele Propheten und Könige wünschten sich, zu sehen, was ihr seht, aber haben es nicht gesehen, und zu hören, was ihr hört, aber haben es nicht gehört.
Mt 13,16–17
Lk 10,23–24
Vgl. Th 38,1
Quelle: Q

2. Ich bin nicht gekommen, Ruhe und Ordnung in das Land zu bringen, sondern das Schwert (gegen das von den Vätern überkommene Joch der Gesetzesfrömmigkeit). Jung und Alt werden sich entzweien.
Mt 10,34–37
Lk 12,51–53
Th 16,1–4
Quellen: Q, Thomas

3. Niemand, der alten Wein getrunken hat, mag neuen und sagt: »Der alte Wein ist gut.«
Lk 5,39
Th 47,3

4. Das Salz (das Gesetz) ist etwas Gutes. Wenn das Salz aber kein rechtes Salz mehr ist, wie wollt ihr ihm seine Kraft wiedergeben? Es taugt zu nichts mehr. Man wirft es weg. Gottes Salz wird Feuer sein.
Mk 9,49–50
Mt 5,13
Lk 14,34–35
Quellen: Q, Markus

5. Dieses Feuer in die Welt zu bringen, dazu bin ich gekommen. Was will ich anderes, als daß es auch brenne?
Lk 12, 49
Th 10
Quellen: Lukas, Thomas

6. Auf euch allen lastet tägliche Mühsal und das Joch des Gesetzes. Kommt zu mir, und ihr werdet aufatmen. Nehmt *mein* Joch auf euch und werdet meine Schüler. Mein Joch schmerzt nicht, und meine Last ist leicht.
Mt 11,28–30
Th 90,1–2
Quellen: Thomas, Matthäus

13 Gott ist euer Vater,
und ihr alle seid Geschwister!

Mt 23,9
Quelle: Matthäus

1. Nennt keinen von euch »Vater«. Nur einer ist euer Vater: Gott.

Mt 18,10
Quelle: Matthäus

2. Hütet euch, einen dieser kleinen Leute zu mißachten. Ihre Engel im Himmel schauen immer das Antlitz Gottes.

Lk 14,12-14
Quelle: Lukas

3. Wenn du ein Mittag- oder Abendessen gibst, lade nicht deine Freunde, deine Brüder, deine Verwandten oder reichen Nachbarn ein. Sonst laden sie dich zurück ein, um sich bei dir zu bedanken. Wenn du ein Gastmahl gibst, lade Arme, Behinderte, Lahme und Blinde ein. Du wirst glücklich sein!

Mt 18,21-22
Vgl. Mt 18,15
Lk 17,3-4
Quelle: Q

4. Wenn sich dein Bruder gegen dich verfehlt, und er bereut es, vergib ihm. Und wenn er sich siebenmal am Tag gegen dich verfehlt und siebenmal wieder zu dir kommt und sagt: »Es reut mich«, so vergib ihm.

14 Einzelsätze

Mt 5,14
Th 32
Quellen: Matthäus, Thomas

1. Ihr seid das Licht der Welt. Eine Stadt, die auf dem Berg liegt, kann nicht verborgen bleiben.

Mk 9,45-47
Mt 18,8; vgl. Mt 5,30
Quelle: Markus

2. Wenn eine Falle deinen Fuß umkrallt hält, dann hau ihn ab. Es ist besser für dich, mit nur einem Fuß zu leben als mit beiden zugrunde zu gehen. (Ebenso laß los,

was dich hindert, in das Gottesreich einzutreten.)

3. Alle, die zum Schwert greifen, werden durch das Schwert umkommen.   Mt 26,52

4. Laßt euch nicht anstecken, weder von den Wunschträumen der Pharisäer noch von den Umtrieben des Herodes!   Mk 8,14–21 / Mt 16,5–12 / Lk 12,1 / Quelle: Markus

5. Geben macht glücklicher als nehmen.   Apg 20,35

Gleichnisse und Parabeln[59]
(Jesus erzählte folgendes:)

15   Mischt nicht Neu und Alt!

Niemand näht einen Flicken aus (neuem) ungewalktem Stoff auf einen alten Mantel. Sonst reißt der Flicken von ihm ab, und der Riß wird noch schlimmer.
Man füllt auch nicht jungen (gärenden) Wein in alte (steif gewordene) Ziegenbälge. Sonst sprengt der Wein die Bälge, und der Wein fließt aus.   Mk 2,21–22 / Mt 9,16–17 / Lk 5,36–38 / Th 47,4–5 / Vgl. Jh 2,10 / Quellen: Markus, Thomas, überliefertes Wissen

16   Die Lampe

Holt man denn eine Lampe, damit sie (zum Auslöschen) unter den Scheffel gestellt wird, oder damit sie auf den Leuchter gestellt wird? Wer Ohren hat zu hören, der höre!   Mk 4,21, 23 / Mt 5,15 / Lk 11,33 / Th 33,2–3 / Quellen: Q, Markus, Thomas

17 Der Sämann

Mk 4,3–9
Mt 13,1–9
Lk 8,5–8
Th 8,4; 9,1–5
Quellen:
Thomas, Markus,
überliefertes Wissen

Hört! Der Sämann zog zum Säen aus. Und es geschah beim Säen: Das eine Korn fiel nebenhin auf den Weg; es kamen die Vögel und fraßen es auf. Anderes fiel auf den Felsengrund, wo es nicht viel Erde hatte, als die Sonne aufging. So wurde es versengt; und weil es keine Wurzel hatte, verdorrte es. Anderes fiel unter die Dornen; die Dornen stiegen hoch und erstickten es, und es brachte keine Frucht. Und andere Körner fielen auf die gute Erde, stiegen hoch und brachten Frucht: Eines trug dreißigfach, eines sechzigfach und eines hundertfach.
Wer Ohren hat zu hören, höre!

18 Das Saatkorn

Mk 4,26–29
Th 21,9
Quellen: Markus,
Thomas

Mit dem Gottesreich ist es so: Ein Mann hat das Saatkorn auf die Erde geworfen. Nachts schläft er, und morgens steht er auf. Aber die Saat sprießt und wächst hoch; wie, weiß er selbst nicht. Von selbst trägt die Erde Frucht, erst Halm, dann Ähre und schließlich volles Korn in der Ähre. Wann die Frucht es erlaubt, dann ist die Ernte.

19 Das Senfkorn

Womit soll ich das Gottesreich vergleichen? Es ist mit dem Gottesreich wie mit einem Senfkorn: Wenn es auf die Erde gesät wird, ist es kleiner als alle Samenkörner. Doch wenn es gesät ist, wächst es hoch und wird größer als alle Küchenkräuter und treibt große Zweige, so daß in ihrem Schatten die Vögel des Himmels wohnen.

Mk 4,30–32
Mt 13,31–32
Lk 13,18–19
Th 20,1–4
Quellen: Q, Markus, Thomas

20 Der Weizen und das Unkraut

Mit dem Gottesreich ist es wie mit einem Mann, der auf seinen Acker guten Samen säte. Als aber die Saat aufging und Frucht ansetzte, ging auch Unkraut auf. Da gingen die Knechte zum Gutsherrn und fragten ihn: »Sollen wir nicht hingehen und das Unkraut jäten?«
Er antwortete ihnen: »Nein, sonst reißt ihr mit dem Unkraut auch den Weizen aus. Laßt beides miteinander wachsen bis zur Ernte.«

Mt 13,24–30
Th 57,1–4
Quellen: Matthäus, Thomas

21 Das Fischnetz

Mit dem Gottesreich ist es wie mit einem Fischnetz, das in den See geworfen wurde und Fische aller Art zusammenbrachte. Als es voll war, zogen sie es ans Ufer. Und sie

Mt 13,47–53
Th 8,1–3
Quellen: Matthäus, Thomas

setzten sich und sammelten die guten in Gefäße, die schlechten aber warfen sie weg.

22 Der Sauerteig

Mt 13,33–35
Lk 13,20–21
Th 96,1–2
Vgl. Th 97,1–4;
98,1–3
Quellen: Thomas, Q

Womit soll ich das Gottesreich vergleichen? Es gleicht einem Sauerteig, den eine Frau in drei Sea[60] Mehl verbarg, bis das Ganze durchsäuert war.

23 Die verlorene Drachme[61]

Lk 15,8–10
Quelle: Lukas

Wird eine Frau, die nur zehn Drachmen hat und eine davon verloren hat, nicht eine Lampe anzünden, das ganze Haus fegen und überall suchen, bis sie das Geldstück gefunden hat? Wenn sie es gefunden hat, wird sie ihre Freundinnen zusammenrufen und ihnen sagen: »Freut euch mit mir! Ich habe die Drachme, die ich verloren hatte, wiedergefunden.«
Ich sage euch, ebenso wird sich Gott über einen einzigen Sünder freuen, der umkehrt.

24 Das verirrte Schaf

Mt 18,12–14
Lk 15,4–7
Th 107,1–3
Quellen: Q, Thomas

Was meint ihr? Wenn jemand hundert Schafe besitzt und eines davon sich verirrt hat, wird er die neunundneunzig Schafe in den Ber-

gen zurücklassen und weggehen, das verirrte Schaf zu suchen?
Gott tut es. Und wenn er es gefunden hat, ich sage euch, er wird sich über dieses mehr freuen als über die neunundneunzig nicht verirrten.

25 Der verlorene Sohn

Ein Mann hatte zwei Söhne. Der jüngere von ihnen sagte zum Vater: »Vater, gib mir den Teil des Vermögens, der mir zusteht.« So teilte der Vater das Vermögen unter sie.
Nach ein paar Tagen packte der jüngere Sohn alles zusammen und zog in ein fernes Land. Dort verschleuderte er sein Vermögen in einem ausschweifenden Leben. Als er alles durchgebracht hatte, begann er, Hunger zu leiden. Nun fing er an nachzudenken und sagte sich: Wie viele Tagelöhner meines Vaters haben Brot im Überfluß, während ich hier vor Hunger umkomme. Ich will zu meinem Vater gehen und ihm sagen: »Vater, ich habe mich gegen dich versündigt, ich bin nicht mehr wert, dein Sohn zu heißen. Halte mich wie einen deiner Tagelöhner.«
Er machte sich auf und ging zu seinem Vater. Als er noch weit weg war, sah ihn schon sein Vater und hatte Mitleid mit ihm. Er lief ihm entgegen, fiel ihm um den Hals und küßte ihn voller Liebe.

Lk 15,11–32
Quelle: Lukas

Da sagte der Sohn: »Vater, ich habe mich gegen dich versündigt. Ich bin nicht mehr wert, dein Sohn zu heißen.«

Der Vater aber sagte zu seinen Knechten: »Holt schnell das beste Gewand heraus und legt es ihm an. Holt das Mastkalb und schlachtet es. Wir wollen ein Festmahl halten und fröhlich sein. Denn dieser mein Sohn war tot und lebt wieder. Er war verloren und ist wiedergefunden worden.« Und sie fingen an zu feiern.

Der ältere Sohn arbeitete noch auf dem Feld. Als er auf dem Heimweg in die Nähe des Hauses kam, hörte er Musik und Tanz. Er rief einen der Knechte und erkundigte sich, was das bedeute.

Der Knecht sagte zu ihm: »Dein Bruder ist gekommen. Und weil ihn dein Vater jetzt wohlbehalten wiedergefunden hat, ließ er das Mastkalb schlachten.« Daraufhin wurde der ältere Bruder zornig und wollte nicht hineingehen.

Da kam sein Vater zu ihm heraus und redete ihm zu. Doch sein Sohn erwiderte ihm: »Vater, so viele Jahre diene ich dir nun schon, und nie habe ich deine Gebote übertreten. Aber noch nie hast du mir auch nur ein Zicklein geschenkt, damit ich mit meinen Freunden feiern konnte. Nun aber ist dieser dein Sohn da gekommen, der dein Vermögen mit Dirnen vertan hat, da hast du für ihn das Mastkalb schlachten lassen.«

Da sagte der Vater zu ihm: »Mein Kind, du bist doch immer bei mir. Alles, was mein ist, ist auch dein. Heute aber mußten wir feiern und fröhlich sein, weil dein Bruder tot war und wieder lebt, weil er verloren war und wiedergefunden wurde.«

26 Der verschuldete Diener

Mit dem Gottesreich ist es wie mit einem königlichen Herrn, der mit seinen Dienern abrechnen wollte. Als er mit der Abrechnung anfing, wurde ihm ein Diener vorgeführt, der ihm zehntausend Talente[62] schuldete. Da er nicht zahlen konnte, befahl der Herr, ihn, seine Frau, seine Kinder und seine ganze Habe zur Bezahlung seiner Schuld zu verkaufen.
Da fiel ihm der Diener zu Füßen und flehte ihn an: »Hab Geduld mit mir, ich werde dir alles bezahlen.« Der Herr hatte Mitleid mit diesem Diener, ließ ihn frei und erließ ihm die Schuld.
Als der Diener hinausging, traf er einen seiner Dienstgenossen, der ihm hundert Denare[63] schuldete. Er packte und würgte ihn und fuhr ihn an: »Bezahle, was du mir schuldig bist.«
Da fiel ihm der Dienstgenosse zu Füßen und bat ihn: »Hab Geduld mit mir. Ich werde bezahlen.«
Der aber war nicht bereit und warf ihn in das Gefängnis, bis er die Schuld bezahlt hatte.

Mt 18,23-35
Quelle: Matthäus

Als dessen Dienstgenossen das sahen, waren sie empört, gingen zum Herrn und berichteten ihm den ganzen Vorfall. Da ließ der Herr den ersten Diener zu sich rufen und sagte zu ihm: »Du niederträchtiger Diener! Deine ganze Schuld habe ich dir erlassen, weil du mich angefleht hast.
Hättest du dich nicht auch deines Dienstgenossen erbarmen müssen, wie ich mich deiner erbarmt habe?«

27 Das verschmähte Gastmahl

Mt 22,1–14
Lk 14,16–24
Th 64,1–12
Quellen: Q, Thomas

Ein Mann gab ein großes Gastmahl und lud viele dazu ein. Zur Stunde des Gastmahls sandte er einen Diener zu den Geladenen, ihnen zu sagen: »Kommt! Das Mahl ist bereitet.« Da entschuldigten sich plötzlich alle. Der erste sagte: »Ich habe einen Acker gekauft und muß unbedingt hingehen, ihn zu besichtigen. Entschuldige mich bitte.« Ein anderer sagte: »Ich habe fünf Paar Ochsen gekauft und gehe gerade hin, sie zu prüfen. Entschuldige mich bitte.« Wieder ein anderer sagte: »Ich habe geheiratet und kann daher nicht kommen.«
Der Diener kam zurück und berichtete seinem Herrn. Da wurde dieser zornig und sagte zu seinem Diener: »Geh sofort hinaus auf die Straßen und Gassen der Stadt und lade die Armen und Behinderten ein.« Als

der Diener dann meldete »Herr, ich habe getan, was du befohlen hast, aber es ist noch Platz«, sagte der Herr: »Dann geh hinaus auf die Landstraßen und hole herein, wen du triffst, damit mein Haus voll wird.«

28   Der Sohn des Weinbergbesitzers

Ein Mann pflanzte einen Weinberg, errichtete einen Zaun herum, grub eine Kelter und baute einen Wachturm. Dann verpachtete er den Weinberg an Weinbauern und verreiste außer Land. Zur gegebenen Zeit sandte er einen Knecht zu den Weinbauern, um von ihnen seinen Anteil am Ertrag des Weinberges in Empfang zu nehmen. Die aber ergriffen ihn, schlugen ihn und schickten ihn mit leeren Händen fort. Noch viele andere Knechte sandte er. Die einen schlugen sie, die anderen töteten sie. Einen noch hatte er, seinen geliebten Sohn. Den sandte er als letzten zu ihnen. Er sagte sich: »Meinen Sohn werden sie achten.«
Jene Weinbauern aber sagten zueinander: »Dieser ist der Erbe. Auf, töten wir ihn! Und das Erbe wird unser sein.« Und sie packten und töteten ihn und warfen seine Leiche zum Weinberg hinaus.
Was wird nun der Herr des Weinbergs tun? Er wird kommen und die Weinbauern vernichten und den Weinberg anderen geben.

Mk 12,1–12
Mt 21,33–46
Lk 20,9–19
Th 65,1–7
Quellen: Markus, Thomas

Sie verstanden die Parabel sehr wohl und gingen. Von da an aber suchten sie ihn zu ergreifen, sie fürchteten allerdings die Volksmenge.

29 Die Arbeiter im Weinberg

Mt 20,1–15
Quelle: Matthäus

Mit dem Gottesreich ist es wie mit einem Gutsherrn, der am frühen Morgen Arbeiter für seinen Weinberg anwarb. Nachdem er mit ihnen einen Tageslohn von einem Denar vereinbart hatte, schickte er sie in seinen Weinberg.
Als er vormittags gegen neun Uhr andere Männer ohne Arbeit auf dem Markt herumstehen sah, sagte er zu ihnen: »Geht in meinen Weinberg. Ich werde euch geben, was recht ist.« Und sie gingen in den Weinberg.
Mittags und gegen drei Uhr nachmittags machte es der Gutsherr wieder so.
Als er gegen fünf Uhr nachmittags nochmals Männer ohne Arbeit herumstehen sah und sie fragte: »Warum steht ihr den ganzen Tag untätig herum?«, antworteten sie ihm: »Es hat uns niemand Arbeit gegeben.« Da sagte er zu ihnen: »Geht in meinen Weinberg.«
Als es Abend geworden war, sagte der Gutsherr zu seinem Verwalter: »Ruf die Arbeiter und zahle ihnen den Lohn aus. Fang mit dem letzten an, und die ersten entlohne zuletzt.«
So kamen zuerst die Arbeiter der letzten

Stunde und erhielten jeder einen Denar. Als die ersten darankamen, waren sie überzeugt, mehr zu erhalten.

Aber auch sie erhielten jeder einen Denar. Da waren sie über den Gutsherrn aufgebracht und sagten: »Die zuletzt gekommen sind, haben nur eine Stunde gearbeitet, und du hast sie gleichgestellt mit uns. Und wir haben die Last des ganzen Tages und die Hitze ertragen.« Da sagte der Gutsherr zu einem von ihnen:

»Freund, ich tue dir nicht unrecht. Hast du nicht mit mir einen Denar vereinbart? Ich will aber den letzten ebensoviel geben wie dir. Bist du mir böse, wenn ich gütig bin?«

30 Die wagemutigen und der ängstliche Diener

1. Ein Mann, der außer Landes verreiste, rief seine Diener zusammen und vertraute ihnen sein Vermögen an. Einem gab er fünf Talente, einem andern zwei, und einem dritten eines, jedem nach seinen Fähigkeiten. Dann reiste er ab.

Mt 25,14-28
Lk 19,11-24
Quelle: Q

Der Diener, der die fünf Talente erhalten hatte, begann sofort, mit ihnen Geschäfte zu machen, und gewann fünf Talente dazu. Ebenso gewann der Diener mit den zwei Talenten zwei dazu. Aber der Diener, der das eine Talent erhalten hatte, grub es in ein

Loch in die Erde und verwahrte darin das Talent sein Herrn.

Nach langer Zeit kehrte der Herr zurück und rechnete mit den Dienern ab. Der Diener, der die fünf Talente erhalten hatte, trat vor den Herrn und brachte auch die fünf dazugewonnenen Talente. Da sagte der Herr zu ihm: »Sehr gut! Du bist ein richtiger und wagemutiger Diener. Du warst mit wenigem zuverlässig. Ich werde dir vieles anvertrauen. Komm zum Festmahl deines Herrn.«

Dasselbe geschah mit dem zweiten Diener. Schließlich trat der Diener, der das eine Talent erhalten hatte, vor den Herrn und sagte: »Herr, ich hatte Angst vor dir. So habe ich dein Talent in der Erde verwahrt. Siehe, Herr, hier ist es.« Der Herr antwortete ihm: »Du bist ein untauglicher, ängstlicher Diener. Du hättest mein Geld (wenigstens) bei den Geldwechslern anlegen können. Dann hätte ich es jetzt mit Zinsen abheben können. Nehmt ihm das Talent und gebt es dem, der die zehn Talente hat.«

2. »Wer (dazugewonnen) hat, dem wird gegeben werden, und er wird im Überfluß haben. Wer aber nichts (dazugewonnen) hat, dem wird auch das genommen werden, was er hat.«

Mk 4,25
Mt 13,12; 25,29
Lk 8,18; 19,26
Th 41,1–2
Quellen: Markus, Q

31 Der verborgene Schatz

Das Gottesreich ist wie ein Schatz, der unter einem Acker verborgen liegt. Ein Mann findet ihn. Er deckt ihn wieder zu, verkauft voller Freude alles, was er hat, und erwirbt diesen Acker.

Mt 13,44
Th 109,1–3
Quellen: Thomas, Matthäus

32 Die kostbare Perle

Mit dem Gottesreich ist es wie mit einem Kaufmann, der nach schönen Perlen suchte. Als er eine besonders kostbare Perle fand, verkaufte er alles, was er hatte, und erwarb sie.

Mt 13,45–46
Th 76,1–2
Quellen: Thomas, Matthäus

33 Zweierlei Söhne

(Jesus erzählte folgendes Gleichnis:) Ein Mann hatte zwei Söhne. Er wandte sich an den ersten und sagte zu ihm: »Mein Sohn, geh heute in den Weinberg arbeiten.« Der antwortete: »Ich gehe, Vater.« Er ging aber nicht. Da wandte sich der Vater an den zweiten Sohn und sagte zu ihm dasselbe. Der aber antwortete: »Ich mag nicht.« Dann aber reute es ihn, und er ging in den Weinberg. Welcher der beiden Söhne hat den Willen des Vaters erfüllt?
Die Zuhörer antworteten: »Der zweite.«

Mt 21,28–32
Quelle: Matthäus

Darauf sagte Jesus: »Ja, und ich sage euch, die (verrufenen) Zollpächter und die Prostituierten gehen noch vor euch in das Gottesreich hinein.«

34 Die klugen und die törichten Brautjungfern

Mt 25,1–13
Vgl. Lk 13,25
Quelle: Matthäus

(Jesus sagte:)
Mit dem Gottesreich wird es sein wie mit zehn Mädchen, die ihre Lampen nahmen und dem Bräutigam entgegengehen wollten. Fünf von ihnen waren töricht und fünf klug. Die Törichten nahmen nur die Lampen mit, jedoch kein Öl. Die Klugen nahmen (für alle Fälle) mit den Lampen auch Öl in Krügen mit. Es wurde spät, alle wurden schläfrig und schliefen ein. Mitten in der Nacht weckte sie plötzlich ein Geschrei aus dem Schlaf: »Schaut, der Bräutigam! Geht ihm entgegen!« Alle Mädchen richteten ihre Lampen her, die Törichten aber sagten zu den Klugen: »Gebt uns von eurem Öl, unsere Lampen verlöschen.« Die Klugen aber antworteten ihnen: »Nein, für uns und euch wird es nicht reichen. Geht lieber Öl beim Krämer kaufen.« So gingen sie weg, um Öl zu kaufen. Währenddessen aber gingen die klugen Mädchen mit dem Bräutigam zur Hochzeitsfeier.

35 Der Freund

(Jesus sagte:)   Lk 11,5–8
1. Angenommen, einer von euch ginge um   Quelle: Lukas
Mitternacht zu einem Freund und sagte zu ihm: »Freund, leih mir drei Brote. Ein Bekannter ist auf seiner Durchreise zu mir gekommen, und ich habe nichts, ihm anzubieten.« Welcher Freund würde ihm antworten: »Stör mich nicht. Ich habe schon die Türe geschlossen. Meine Kinder und ich sind schon im Bett. Ich kann nicht aufstehen und dir etwas geben.«
Und wenn der Freund nicht gesonnen wäre, aufzustehen und ihm zu geben, was er braucht, einfach weil er dessen Freund ist, schon wegen dessen Aufdringlichkeit wird er aufstehen und ihm geben, was er braucht.
2. Sollte Gott denen, die Tag und Nacht zu   Lk 18,7
ihm rufen, nicht helfen?   Quelle: Lukas

36 Der Richter und die Witwe

(Jesus sagte:)   Lk 18,1–8
Es war in einer Stadt ein gottloser und rück-   Quelle: Lukas
sichtsloser Richter. Eine Witwe kam (immer wieder) zu ihm und sagte: »Verschaffe mir Recht gegen meine Widersacher.« Lange Zeit wollte er nicht. Dann aber sagte er sich: »Mich scheren weder Gott noch die Menschen. Aber diese Witwe kommt dauernd ge-

laufen und liegt mir in den Ohren. Ich will ihr Recht verschaffen, damit sie mich endlich in Ruhe läßt.« Sollte Gott denen, die Tag und Nacht zu ihm rufen, nicht helfen?

37 Der schlaue Verwalter

Lk 16,1–9
Quelle: Lukas

(Vielleicht bei einem Mahl mit Zoll- und Steuerpächtern, deren Unredlichkeit sprichwörtlich war, erzählte Jesus – wohl mit einem verhaltenen Schmunzeln – folgende Parabel:)
Es war ein Verwalter, der bei seinem Herrn beschuldigt wurde, er verschleudere dessen Vermögen. Der Herr ließ ihn rufen und sagte zu ihm: »Was muß ich da über dich erfahren? Leg Rechenschaft ab über deine Verwaltung. Du kannst nicht länger Verwalter bleiben.« Da sagte sich der Verwalter: »Mein Herr enthebt mich der Verwaltung. Was soll ich jetzt tun? Zu körperlicher Arbeit tauge ich nicht, betteln zu gehen schäme ich mich. – Ja, jetzt weiß ich, was ich tue, damit mich die Leute nach meiner Entlassung freundlich in ihre Häuser aufnehmen.« Er rief die Schuldner seines Herrn, einen nach dem anderen, zu sich. Er fragte den ersten: »Wieviel bist du meinem Herrn schuldig?« Dieser antwortete ihm: »Hundert Bat[64] Öl.« Er sagte zu ihm: »Nimm deinen Schuldschein, setz dich gleich hin und schreibe ›fünfzig‹. Dann fragte er den nächsten: »Wieviel bist du schuldig?«

Der antwortete: »Hundert Kor[65] Weizen.« Er sagte zu ihm: »Nimm deinen Schuldschein und schreibe ›achtzig‹.

38   Der barmherzige Samariter

Ein Gesetzeslehrer fragte Jesus: »Wer ist mein Nächster?«
Jesus antwortete ihm: »Ein Mensch ging von Jerusalem nach Jericho hinab und fiel unter die Räuber. Die raubten ihn aus, schlugen ihn und ließen ihn halbtot liegen.
Zufällig ging ein Priester auch diesen Weg hinab. Als er diesen Menschen sah, machte er einen Bogen um ihn und ging weiter.
Ein Samariter, ebenfalls dort unterwegs, kam in seine Nähe. Als er ihn sah, empfand er Mitleid mit ihm, ging zu ihm hin, goß Öl und Wein auf seine Wunden und verband sie. Dann setzte er ihn auf sein Lasttier, brachte ihn in eine Herberge und versorgte ihn. Anderentags sagte er zum Wirt: ›Kümmere dich um ihn. Hier sind zwei Denare. Und solltest du mehr aufwenden müssen, ich werde es dir auf meinem Rückweg bezahlen.‹
Welcher von diesen dreien (Priester, Samariter, Wirt), meinst du, ist dem Menschen, der unter die Räuber fiel, zum Nächsten geworden?«
Der Gesetzeslehrer antwortete: »Der barmherzig an ihm gehandelt hat.«

Lk 10,29-37
Quelle: Lukas

Da sagte Jesus zu ihm: »Nun, mach es genau so!«

39 Der Pharisäer und der Zöllner

Lk 18,9–14
Quelle: Lukas

(Jesus erzählte folgende Parabel:)
Zwei Männer gingen zum Tempel hinauf, um zu beten. Der eine war ein Pharisäer, der andere ein Zöllner.

Der Pharisäer stellte sich groß hin und betete vor sich selbst: »Gott, ich danke dir, daß ich nicht so bin wie die anderen Menschen, wie die Räuber, Betrüger und Ehebrecher oder wie dieser Zöllner da. Ich faste zweimal in der Woche und gebe den Zehnten von allen meinen Einkünften.«

Der Zöllner aber blieb abseits stehen, wagte nicht die Augen zum Himmel zu erheben, sondern schlug an seine Brust und sagte: »Gott, sei mir Sünder gnädig.«

Ich sage euch: Dieser ging gerechtfertigt nach Hause, anders als jener.

Von einem Ort zum andern

40 In Kafarnaum

Mk 1,21–28
Lk 4,31–37
Quelle: Markus

1. Jesus ging mit seinen Schülern nach Kafarnaum hinein. Gleich am Sabbat ging er in die Synagoge und lehrte. Die Zuhörer gerieten

über seine Lehre außer sich. Denn er lehrte wie jemand, der die Vollmacht dazu hat, und anders als die Schriftgelehrten.
In der Synagoge war ein kranker Mann, und Jesus heilte hin. Darüber erschauderten alle; sie stritten untereinander und sagten: »Wer ist das?« Die Kunde von Jesus drang bald überallhin in das ganze Umland Galiläas.

2. Als Jesus und seine Schüler die Synagoge verlassen hatten, gingen sie in das Haus des Simon (Petrus). Dessen Schwiegermutter lag krank darnieder. Jesus faßte sie an der Hand, und sie stand auf und bediente sie. Als es Abend wurde und die Sonne unterging, brachten die Leute Kranke zu Jesus. Die ganze Stadt war vor Simons Haus versammelt. Und Jesus heilte viele.

Mk 1,29–34
Mt 8,14–17
Lk 4,38–41
Quelle: Markus

3. Frühmorgens, als es noch dunkel war, stand Jesus auf, ging fort an einen einsamen Ort und betete dort. Simon und dessen Gefährten gingen ihm nach, fanden ihn und sagten zu ihm: »Alle suchen dich.« Er antwortete ihnen: »Wir wollen weiterziehen in die umliegenden Ortschaften. Deswegen bin ich (aus Kafarnaum) herausgegangen.«

Mk 1,35–38
Lk 4,42–43
Quelle: Markus

41 Bestellung der Zwölf

Jesus wählte aus seinen Schülern einen Kreis von »Zwölf« aus, als seine Begleiter und Boten: Simon, dem er den Beinamen »Pe-

Mk 3,13–19
Mt 10,1–4
Lk 6,12–16
Quelle: Markus

trus« gab, Jakobus, den Sohn des Zebedäus, und dessen Bruder Johannes, die er »Sturmgesellen« nannte, Andreas, Philippus, Bartolomäus, Matthäus, Tomas, Jakobus, den Sohn des Alphäus, Taddäus, Simon, den Zeloten, und Judas aus Kariot.

42 Unermüdlich unterwegs

Mk 1,39
Mt 4,23-25; 9,35
Quellen: Markus, Matthäus

1. Jesus wanderte durch alle Städte und Dörfer, lehrte in den Synagogen in ganz Galiläa, verkündete die Frohbotschaft vom Gottesreich und heilte Krankheiten und Gebrechen.

Lk 8,1-3
Quelle: Lukas

2. Mit Jesus waren die Zwölf sowie einige Frauen, die Jesus von bösen Geistern geheilt hatte: Maria aus Magdala, die er von sieben Dämonen befreit hatte, Johanna, die Frau von Chuzas, einem Verwalter des Herodes, Susanna und andere Frauen, die Jesus dienten.

43 Wiedersehen mit Nazaret

Mk 6,1-6
Mt 13,54-58
Lk 4,16-30
Th 31,1
Vgl. Jh 4,44
Quellen: Markus, Lukas, Thomas, überliefertes Wissen

Jesus kam auch nach Nazaret, wo er aufgewachsen war. Nach seiner Gewohnheit ging er am Sabbat in die Synagoge und lehrte. Alle, die ihm zuhörten, waren außer sich und sagten: »Woher hat er das?« und »Was für eine Weisheit, die ihm gegeben ist? Und solche Machttaten, die durch seine Hände geschehen? Ist das nicht der Handwerker, der Sohn der Maria? Und ein Bruder von Jakobus und Joses und Juda und Simon? Und wohnen nicht auch seine Schwestern hier bei uns?« Sie nahmen an ihm Anstoß. Und Jesus sagte zu ihnen: »Ein Prophet ist nicht mißachtet außer in seiner Vaterstadt, bei seinen Verwandten und in seinem Hause.« Er konnte dort keine Machttat wirken. Er war über ihren Mangel an Vertrauen verwundert.

44 Ein römischer Hauptmann

Als Jesus nach Kafarnaum zurückkam, trat ein (römischer) Hauptmann an ihn heran und bat ihn um Hilfe: »Mein Haussklave liegt gelähmt zu Hause und hat fürchterliche Schmerzen.« Jesus sagte zu ihm: »Ich (ein Jude) soll (in dein Haus) kommen und ihn heilen?« Der Hauptmann antwortete ihm: »Herr, ich bin es nicht wert, dich in mein Haus zu bitten. Sag nur ein Wort, und mein Haussklave wird gesund. Bei mir ist es ebenso: Ich bin zwar bloß ein Untergebener. Aber zu meinen Soldaten, die ich unter mir habe, brauche ich auch nur ein Wort zu sagen. Wenn ich zu einem sage ›Geh‹, so geht er, oder ›Komm‹, so kommt er, und zu meinem Sklaven ›Tu das‹, so tut er es.« Jesus staunte und sagte zum Hauptmann: »Geh

Mt 8,5–13
Lk 7,1–10
Jh 4,46–54
Quellen: Q, Johannes

nach Hause. Dir soll geschehen, wie du vertraut hast.« Der Haussklave des Hauptmanns wurde gesund.

Zu denen, die ihm folgten, sagte Jesus: »Bei niemand in Israel bin ich solchem Vertrauen begegnet.«

45 Mit übel beleumundeten Leuten zu Tisch

Mk 2,13–17
Mt 9,9–13
Lk 5,27–32
Quellen: Markus, Evangeliumfragment 1224[66], überliefertes Wissen

Jesus lag im Hause des Zöllners Levi, des Sohnes des Alphäus, zusammen mit Zöllnern (übel beleumundeten und als »unrein« geltenden Leuten) zu Tisch. Schriftgelehrte sahen das und sagten zu seinen Schülern: »Mit Zöllnern ißt er!« Jesus hörte es und sagte zu ihnen: »Nicht die Starken bedürfen der Hilfe, sondern jene, die übel daran sind. Ich bin nicht gekommen, die Frommen (in das Gottesreich) einzuladen, sondern die Sünder.«

46 Fasten?

Mk 2,18–20
Mt 9,14–15
Lk 5,33–35
Vgl. Th 27, 1
Quelle: Markus

Die Schüler des Johannes (des Täufers) und Pharisäer wandten sich an Jesus und sagten zu ihm: »Wir fasten. Warum fasten deine Schüler nicht?« Jesus antwortete ihnen: »Können denn Menschen im Hochzeitssaal fasten, wenn der Bräutigam bei ihnen ist?«

47 Jesu Schüler verletzen den Sabbat

Als Jesus am Sabbat durch die Kornfelder ging, aßen seine Schüler Korn aus den Ähren. Da sagten Pharisäer zu ihm: »Warum tun sie, was am Sabbat nicht erlaubt ist?«
Jesus antwortete ihnen: »Gott hat den Sabbat für den Menschen gemacht, und nicht den Menschen für den Sabbat. Also ist der Mensch Herr über den Sabbat.«

Mk 2,23-28
Mt 12,1-8
Lk 6,1-5
Quelle: Markus

48 Jesus heilt am Sabbat

Jesus ging wieder in eine Synagoge. Dort war im Synagogendienst ein Mann mit einer gelähmten Hand. Pharisäer beobachteten Jesus, ob er ihn – es war Sabbat – heilen werde.
Jesus sagte zum Mann mit der gelähmten Hand: »Komm in die Mitte.« Und zu den Umstehenden sagte er: »Ist es erlaubt, am Sabbat Gutes zu tun oder Böses zu tun? Jemanden zu retten oder zu töten?«
Sie schwiegen. Jesus blickte sie ringsum an, voll Zorn und tief betrübt über die Verhärtung ihrer Herzen. Zu dem Mann sagte er, er solle seine Hand ausstrecken. Dieser streckte sie aus, und sie war geheilt.
Und zu den Umstehenden sagte er: »Wer von euch würde sein einziges Schaf, das ihm an einem Sabbat in eine Grube gefallen

Mk 3,1-6
Mt 12,9-14
Lk 6,6-11
Vgl. Lk 14,1-6
Quelle: Markus

ist, nicht packen und herausziehen? Wieviel mehr ist ein Mensch als ein Schaf!«
Daraufhin besprachen sich die Pharisäer mit den Anhängern des Herodes, Jesus unschädlich zu machen.

49 Scheidung der Geister

Mk 3,20–21
Quelle: Markus

1. Als Jesus (nach Kafarnaum) nach Hause kam, war der Andrang des Volkes so gewaltig, daß er und seine Schüler nicht einmal dazu kamen zu essen.
Als seine Angehörigen davon hörten, machten sie sich auf den Weg, um ihn in ihre Obhut zu bringen. Denn sie sagten sich: »Er ist von Sinnen.«

Mk 3,22–27
Mt 12,22–32
Lk 11,14–23
Th 35,1–2
Quellen: Markus, Q, Thomas

2. Als Jesus wieder einen Kranken heilte, geriet das ganze Volk außer sich. Sie sagten: »Ist dieser nicht der Sohn Davids?«
Einige aber sagten: »Er ist vom Satan besessen. Durch den Satan treibt er die Dämonen aus.«
Jesus sagte zu ihnen: »Wie kann der Satan sich selber austreiben? Wenn ein Reich in sich selbst entzweit ist, kann es nicht bestehen. Und wenn eine Familie in sich selbst entzweit ist, kann sie nicht bestehen. Und wenn sich der Satan gegen sich selber erhebt, kann er auch nicht bestehen, sondern es geht mit ihm zu Ende. Wenn ich durch den Satan die Dämonen austreibe, durch wen treiben

dann eure Söhne sie aus? Wenn ich hingegen durch den Finger Gottes die Dämonen austreibe, dann ist das Gottesreich zu euch gekommen!
Wie kann jemand das Reich eines Starken in Besitz nehmen, wenn er nicht (stärker ist als er und) zuerst diesen Starken überwindet? Wenn aber der Stärkere diesen überwunden hat, dann wird er die Herrschaft antreten.
Wer nicht mit mir ist, der ist gegen mich. Wer nicht mit mir sammelt, der zerstreut!«

50   Jesus und Johannes der Täufer

1. Jesus sprach zur Menschenmenge über Johannes: »Was wollet ihr sehen, als ihr in die Wüste hinausgegangen seid? Ein Schilfrohr, das im Winde wankt? Oder einen Mann in üppigen Kleidern? Die üppige Kleider tragen, sind in den Palästen der Könige. Was wollet ihr also sehen? Einen Propheten? Ja, aber ich sage euch, er war mehr als ein Prophet. Unter den Menschen ist kein Größerer aufgestanden als er.
Mit wem soll ich diese Menschen vergleichen? Sie benehmen sich wie Kinder, die auf dem Marktplatz herumsitzen (und mit keinem Spiel einverstanden sind). Ein paar von ihnen schlagen vor, Begräbnis zu spielen, und singen Klagelieder. Da schreien alle: ›Nein, wir schlagen nicht an die Brust.‹ Dann

Mt 11,7-19
Lk 7,24-25
Th 78,1-3
Quellen: Q, Thomas

schlagen andere vor, Hochzeit zu spielen, und blasen auf der Flöte. Da schreien alle: ›Nein, wir tanzen nicht!‹ Erst kam Johannes, der weder aß noch trank. Da sagten die Leute: ›Er hat einen Dämon.‹ Dann kam ich, ein Mensch, der ißt und trinkt. Da sagen die Leute: ›Dieser Mensch ist ein Schlemmer und Trinker. Er hält es mit verrufenen Leuten.‹«

<small>Mk 6,14–16
Mt 14,1–2
Lk 9,7–9
Quelle: Markus</small>

2. (Nach der Enthauptung des Johannes) sagten die einen von Jesus: »Johannes der Täufer ist auferstanden. Deshalb wirken dessen Kräfte in ihm.«

Andere sagten: »Er ist Elija.« Und wieder andere: »Er ist ein Prophet wie einer der Propheten.«

Als Herodes das hörte, war er beunruhigt und sagte: »Johannes habe ich enthaupten lassen. Wer aber ist dieser Jesus?«

51 Wenn ihr betet ...

<small>Mt 6,9–13
Lk 11,1–4
Quelle: Q</small>

Jesus betete an einem einsamen Ort. Als er zurückkam, sagte einer seiner Schüler zu ihm: »Lehre uns beten, wie auch Johannes seine Schüler beten gelehrt hat.«

Jesus antwortete ihnen: »Wenn ihr betet, sagt:

›Vater!

Dir werde heilige Ehrfurcht erwiesen!

Dein Reich komme!

Gib uns heute, was wir zum Leben brauchen!
Vergib uns unsere Schuld, wie wir unseren Schuldnern vergeben haben!
Und bewahre uns vor der großen Versuchung.‹«

52 Das Wichtigste: Vertrauen

1. Jesus sagte: »Einem Menschen, der Gott so vertraut wie ein Kind seinem Vater, einem solchen Menschen dieses Vertrauen zu nehmen, das ist schlimmer als einem Menschen einen Mühlstein um den Hals zu legen und ihn im Meer zu ertränken.«

Mk 9,42
Mt 18,6
Lk 17,2
Quellen: Markus, Q, überliefertes Wissen

2. (Ein Traum des Petrus?:)
Jesu Schüler waren mitten auf dem See Gennesaret. Es war Nacht. Und sie waren von den Wellen bedrängt. Da, frühmorgens, sahen sie Jesus über das Wasser dahinschreiten. Sie entsetzten sich. Sie meinten, es sei ein Gespenst, und schrien vor Angst auf.
Jesus aber sagte zu ihnen: »Habt keine Angst. Ich bin es.«
Und Petrus antwortete ihm: »Wenn du es bist, so befiehl mir, auf dem Wasser zu dir zu kommen.« Und Jesus sagte: »Komm!«
Petrus stieg aus dem Boot und ging über das Wasser, Jesus entgegen. Da bekam er plötzlich Angst vor dem Sturmwind. Er begann zu sinken und schrie: »Herr, rette mich!«

Mt 14,22–33
Mk 6,47–52
Jh 6,16–21
Quellen: Markus, Johannes

Jesus streckte ihm seine Hand entgegen, packte ihn und sagte: »Wie klein ist dein Vertrauen! Wie lange noch zweifelst du?«

53 Talitha kum

Mk 5,21–24a; 35–43
Mt 9,18–19; 23–26
Lk 8,40–42a; 49–56
Quelle: Markus

Als Jesus mit dem Boot wieder an das andere Ufer hinübergefahren war, kam einer der Synagogenvorsteher namens Jairus. Sobald er Jesus sah, fiel er ihm zu Füßen und bat ihn flehentlich um Hilfe: »Mein Töchterchen ist todkrank. Komm doch und leg ihr die Hände auf, damit sie gesund wird und am Leben bleibt.«
Jesus sagte zu ihm: »Hab Vertrauen« und ging mit ihm. Sie kamen zum Haus des Synagogenvorstehers. Jesus nahm den Vater und die Mutter und seine Begleiter mit und trat ein, wo das Kind war.
Er faßte es bei der Hand und sagte zu ihm: »Talitha kum.« Das heißt übersetzt »Mädchen, steh auf«. Und gleich stand das Mädchen auf und ging umher. Es war zwölf Jahre alt. Die Leute waren außer sich vor Staunen.

54 Hilf mir, daß ich vertraue!

Mk 9,14–29
Mt 17,14–20
Lk 9,38–43a
Quelle: Markus

Jesus und seine Schüler begegneten einer Ansammlung von Leuten, die mit Schriftgelehrten stritten. Als die Leute Jesus sahen, ergriff sie große Erregung, sie liefen ihm entgegen und begrüßten ihn.

Jesus fragte sie: »Worüber streitet ihr?«

Einer aus der Menge antwortete ihm: »Ich habe meinen Sohn hergebracht. Der hat einen stummen Geist. Wenn er meinen Sohn packt, reißt er ihn hin und her, es tritt meinem Sohn Schaum aus dem Mund, er knirscht mit den Zähnen und wird ganz starr. Und ich sagte zu den Schriftgelehrten, sie sollten den Geist austreiben. Doch sie konnten es nicht.«

Da erwiderte Jesus: »Oh, ihr Menschen ohne Vertrauen! Wie lange noch soll ich bei euch sein? Wie lange noch euch ertragen? Bringt den Jungen zu mir.«

Sie brachten ihn zu ihm. Er wurde hin- und hergezerrt, fiel zu Boden und wälzte sich schäumend. Der Vater des Kindes sagte zu Jesus: »Wenn du helfen kannst, hilf uns, hab Erbarmen mit uns!«

Da sagte Jesus: »Was heißt ›Wenn du kannst‹? Wer Gott vertraut, dem ist alles möglich.«

Da schrie der Vater des Jungen: »Ich will ja vertrauen. Hilf mir, daß ich vertraue!« Daraufhin lief die Volksmenge hinzu.

Jesus faßte den Jungen bei der Hand und richtete ihn auf. Und der Junge stand auf.

55 Vertrauen, das Berge versetzt

<small>Mk 11,22-24
Mt 21,21-22; 17,20
Lk 17,6
Th 48; 106,2
Quellen: Markus, Q, Thomas</small>

Jesus sagte zu den Zwölfen: »Vertraut Gott! Wahrlich, ich sage euch: Wer zu diesem Berg da sagt ›Heb dich weg und wirf dich ins Meer!‹ und in seinem Herzen nicht zweifelt, sondern vertraut, daß das, was er sagt, geschieht, dem wird es geschehen! Vertraut, daß ihr alles bekommt, worum ihr bittet; ihr werdet es bekommen.«

56 Aussendung der Zwölf

<small>Mk 6,7-13
Mt 10,5-15
Lk 9,1-6
Quellen: Markus, Q</small>

1. Jesus rief die Zwölf zu sich. Er sandte sie je zu zweit aus, das Gottesreich zu verkünden, Dämonen auszutreiben und Kranke zu heilen.

<small>Mt 10,40
Lk 10,16
Vgl. Jh 13,20
Quellen: Q, Johannes</small>

2. Er sagte zu ihnen: »Wer auf euch hört, der hört auf mich, und wer euch ablehnt, der lehnt mich ab. Wer aber mich ablehnt, der lehnt den ab, der mich gesandt hat.«

57 Der Wille Gottes, nicht »heilige« Überlieferung!

<small>Mk 7,1-13
Mt 15,1-9
Quelle: Markus</small>

1. Pharisäer und einige Schriftgelehrte, die von Jerusalem gekommen waren, versammelten sich um Jesus. Sie fragten ihn: »Warum wandeln deine Schüler nicht nach der Überlieferung der Vorfahren,

sondern essen das Brot mit unreinen Händen?«

Jesus sagte zu ihnen: »An der Überlieferung der Menschen haltet ihr fest, aber das Gebot Gottes schlagt ihr in den Wind. Es ist großartig, wie ihr das Gebot Gottes abtut, um eure Überlieferung zu bewahren. Mose hat gesagt ›Ehre deinen Vater und deine Mutter‹[67] und ›Wer Vater und Mutter verschmäht, soll sterben‹[68], ihr aber sagt, wenn jemand zu Vater oder Mutter ›Korban‹[69] sagt – das heißt ›Was immer du von mir als Unterstützung bekommen solltest, sei Opfergabe‹ –, dann laßt ihr ihn nichts mehr tun für Vater oder Mutter. So schafft ihr das Wort Gottes durch eure selbstgemachte Überlieferung ab. Und dergleichen tut ihr vieles.«

2. »Wehe euch, Schriftgelehrte und Pharisäer! Ihr bürdet den Menschen unerträgliche Lasten auf und nehmt sie ihnen nicht ab, obwohl dazu ein Wink mit dem Finger genügte.«

Mt 23,4
Lk 11,46
Quelle: Q

3. »Schriftgelehrte und Pharisäer! Wehe euch, ihr Heuchler! Ihr versperrt den Menschen das Gottesreich. Selbst geht ihr nicht hinein. Und jenen, die hineingehen wollen, verwehrt ihr den Eintritt.
Wehe euch, ihr Heuchler! Den Zehnten auf Minze, Dill und Kümmel zahlt ihr, aber an das Recht und die Barmherzigkeit und den Glauben denkt ihr nicht!«

Mt 23,13–31
Lk 11,52
Th 39,1–2; vgl. Th 102
Quellen: Q, Thomas

Mt 8,11–12
Lk 13,28–29
Quelle: Q

4. »Ich sage euch: Gott wird euch aus seinem Reich hinausstoßen. Und ihr werdet euch bittere Vorwürfe machen, wenn ihr sehen werdet, daß sie vom Osten und Westen, Norden und Süden kommen und mit Abraham, Isaak und Jakob am Festmahl des Gottesreiches teilnehmen werden.«

58 Was ist unrein?

Mk 7,14–23
Mt 15,10–20
Th 14,5
Quellen: Markus, Thomas

Jesus rief die vielen Leute herbei und sagte zu ihnen: »Hört alle auf mich und begreift! Es gibt nichts (Eßbares), was von außen in den Menschen hineinkommt, das ihn unrein machen kann. Wohl aber das, was aus dem (Herzen des) Menschen herauskommt. Wer Ohren hat zu hören, der höre!«

59 Beglaubigungszeichen Gottes?

Mk 8,11–13
Mt 16,1–4; 12,38–40
Lk 11,29–30
Quellen: Markus, Q

1. Pharisäer traten an Jesus heran und begannen mit ihm eine Auseinandersetzung. Sie forderten von ihm ein Zeichen Gottes (zur Beglaubigung seiner Vollmacht).
Da seufzte Jesus tief auf und sagte: »Was verlangen diese Menschen ein Zeichen? Wahrlich, ich sage euch: Nie und nimmer wird diesen Menschen ein Zeichen gegeben werden.«

Er ließ sie stehen, stieg in das Boot und fuhr zum Ufer jenseits der Bucht.

2. Als Jesus von Pharisäern gefragt wurde, wann das Gottesreich kommen werde, sagte er zu ihnen: »Die Ankunft des Gottesreiches ist nicht durch äußere Zeichen zu erkennen. Man kann auch nicht sagen ›Seht, hier ist es!‹ oder ›Seht, dort ist es!‹ Das Gottesreich ist unter euch!«

<small>Lk 17,20-21
Th 113,1-4, vgl. Th 3,1-3; 51,2
Quellen: Q, Thomas</small>

3. (Bei einer anderen Gelegenheit sagte Jesus:) »Lernt vom Feigenbaum: Wenn ihr seht, daß der Zweig des Feigenbaumes saftig wird und Blätter treibt, wißt ihr, daß der Sommer nahe ist. Wenn ihr seht, was geschieht, wißt ihr, daß das Gottesreich vor der Tür steht!«

<small>Mk 13,28-29
Mt 24,32-34
Lk 21,29-31
Quelle: Markus</small>

4. »Wenn ihr im Westen eine Wolke aufsteigen seht, wißt ihr gleich, daß es Regen gibt. Und er kommt. Und wenn ihr den Wüstenwind spürt, wißt ihr, daß es Hitze gibt. Und sie kommt. Ihr Heuchler! Das Aussehen der Erde und des Himmels wißt ihr zu beurteilen, aber das, was gegenwärtig vor sich geht, warum beurteilt ihr das nicht? Warum entscheidet ihr nicht aus euch selbst, was das Rechte ist?«

<small>Mt 16,2-3
Lk 12,54-57
Th 91,1-2
Quellen: Q, Thomas</small>

5. »Wahrlich, ich sage euch: Unter denen, die hier stehen, sind einige, die den Tod nicht kosten werden, ehe sie den machtvollen Anbruch des Gottesreiches erleben werden.«

<small>Mk 9,1
Mt 16,28
Lk 9,27
Quelle: Markus</small>

60 Bekenntnis des Petrus

Mk 8,27–30
Mt 16,13–20
Lk 9,18–22
Vgl. Jh 1,35–42;
Th 13,1–8
Quelle: Markus

Jesus ging mit den Zwölfen hinaus in die Dörfer von Cäsarea Philippi. Unterwegs fragte er sie: »Für wen halten mich die Leute?«

Sie antworteten ihm: »Die einen für (den inzwischen hingerichteten) Johannes den Täufer, andere für Elija, und wieder andere für sonst einen Propheten.«

Da fragte er sie: »Und ihr, für wen haltet ihr mich?«

Petrus antwortete ihm: »Du bist der Gesalbte Gottes.«

Darauf schärfte ihnen Jesus ein, mit niemand über ihn zu reden.

61 Der Auslieferung entgegen

Mk 9,30–32
Mt 17,22–23
Lk 9,43–45;
18,31–34
Quelle: Markus

1. Von dort zogen sie wieder durch Galiläa. Jesus wollte nicht, daß es jemand erfahre. Aber während das ganze Volk über alles staunte, was Jesus tat, sagte er zu seinen Schülern: »Hört auf diese Worte und vergeßt sie nicht: Gott wird den Menschen in die Hände der Menschen ausliefern.«

Sie aber verstanden das Wort nicht und scheuten sich, ihn zu fragen.

Lk 12,50
Quelle: Markus
(Mk 10,35–45)

2. (Ein anderes Mal sagte Jesus:) »Mir steht Schreckliches bevor. Es muß sein, aber ich habe solche Angst, bis es vollendet ist.«

3. Jakobus und Johannes, die Zebedäussöhne, gingen zu Jesus und sagten zu ihm: »Laß uns in deiner Herrlichkeit einen zu deiner Rechten und einen zu deiner Linken sitzen.«
Jesus aber sagte zu ihnen: »Ihr wißt nicht, worum ihr bittet. Könnt ihr das durchstehen, das mir bevorsteht?«

Mk 10,35–45
Mt 20,20–23
Quelle: Markus

62 Die Nachfolge Jesu

1. Jesus rief die Volksmenge zusammen und sagte:
»Wer mir nachfolgen will, entsage sich selbst und bekenne sich bedingungslos zu Gott. Was nützt es dem Menschen, die ganze Welt zu besitzen, wenn er stirbt? Oder kann er sich damit vom Tod loskaufen?

Mk 8,34–38
Mt 16,24–28; 14, 27
Lk 9,23–27
Th 55,2
Quellen: Markus, Q, Thomas

2. Wer sich nicht von allem löst, was er hat, kann nicht mein Schüler sein.

Lk 14,33
Quelle: Lukas

3. Wenn einer zu mir kommt und nicht Vater und Mutter, Frau und Kinder, Brüder und Schwestern und sich selbst hintansetzt, kann er nicht mein Schüler sein.

Lk 14,26
Mt 10,37
Th 55,1; 101,1–3
Quellen: Q, Thomas

4. Wer seine Hand an den Pflug legt und zurückschaut, taugt nicht für das Gottesreich.«

Lk 9,61–62

5. (Ein anderes Mal sagte er:) »Folge mir nach und laß die Toten um ihre Toten trauern!«

Mt 8,21–22
Lk 9,59–60
Quellen: Q, Lukas

63 Diener aller

Mk 9,33-34
Quelle: Markus

1. Als Jesus mit den Zwölfen im Hause in Kafarnaum anlangte, fragte er sie: »Worüber habt ihr unterwegs gesprochen?«
Sie schwiegen. Denn sie hatten darüber gestritten, wer von ihnen der Größte sei.

Mk 9,35
Mt 23, 11
Lk 9,48b
Vgl. Mt 20,24-28
Quelle: Markus

2. Da setzte er sich nieder und sagte zu ihnen: »Wenn einer der Erste sein will, werde er der Letzte von allen und der Diener aller.

Mt 23,11-12
Lk 14,11; 18,14b
Mk 9,35
Quellen: Markus, Q

3. Wer sich selbst erhöht, den wird Gott erniedrigen. Wer sich aber bewußt ist, wie klein er ist, den wird Gott erhöhen.«

64 Ehe und Ehelosigkeit

Mk 10,2; 10,9
Mt 19,6
Lk 16,18
Vgl. 1 Kor 7,1-11
Quellen: Markus, Q

1. Pharisäer fragten Jesus, ob es dem Mann erlaubt ist, seine Frau aus der Ehe zu entlassen. Jesus sagte zu ihnen: »Ich sage euch: Was Gott verbunden hat, soll der Mensch nicht trennen.«

Mt 19,10-12
Quelle: Matthäus

2. Da sagten die Schüler anschließend zu Jesus: »Wenn die Sache zwischen Mann und Frau so steht, dann ist es nicht gut zu heiraten.«
Jesus (eine solche Flucht in die Ehelosigkeit mißbilligend) entgegnete ihnen: »Ehelosigkeit? Das kann nur fassen, wem es von Gott gegeben ist. Es gibt Eunuchen, die als solche zur Welt kommen; es gibt Eunuchen, die von

anderen dazu gemacht werden, und es gibt Menschen, die selbst auf die Ehe verzichten, des Gottesreiches wegen! Wer es fassen kann, der fasse es!«

65   Wenn ihr nicht werdet wie die Kinder …

Die Leute brachten Kinder zu Jesus, damit er ihnen die Hände auflege und sie segne. Die Schüler aber schalten sie. Als Jesus das sah, wurde er unwillig und sagte: »Laßt die Kinder zu mir kommen. Haltet sie doch nicht ab. Menschen, die so sind wie diese Kinder, gehört das Gottesreich. Wahrlich, ich sage euch: Wenn ihr nicht werdet wie die Kinder, werdet ihr nicht in das Gottesreich eingehen.« Jesus umarmte sie und legte ihnen die Hände auf.

Mk 10,13–16
Mt 18,1–4; 19,13–15
Lk 18,15–17
Vgl. Th 22,2; Jh 3,3.5
Quelle: Markus

66   Ein Rivale?

Johannes sagte zu Jesus: »Wir haben jemanden gesehen, der in deinem Namen Dämonen austreibt, aber nicht uns nachfolgt. Wir wollten ihn daran hindern, weil er nicht uns nachfolgt.«
Jesus entgegnete ihm: »Hindert ihn nicht. Es gibt niemand, der in meinem Namen eine Machttat tut und dann übel von mir reden wird.«

Mk 9,38–41
Lk 9,49–50
Quellen: Markus, Q

67 Das Tor in das Gottesreich

Mk 10,17–31
Mt 19,16–30
Lk 18,18–30
Quelle: Markus

1. Ein junger Mann lief auf Jesus zu, fiel vor ihm auf die Knie und begann: »Guter Rabbi...« Jesus (fiel ihm in das Wort und) sagte zu ihm: »Was nennst du mich ›gut‹? Niemand ist gut außer einer: Gott.«
Der junge Mann fuhr dann fort: »Was muß ich tun, um das ewige Leben zu erhalten?«
Jesus antwortete ihm: »Du kennst die Gebote: Du sollst nicht morden, du sollst nicht ehebrechen, du sollst nicht stehlen, du sollst nicht falsch aussagen, du sollst den Lohn nicht vorenthalten, du sollst Vater und Mutter ehren.«
Der junge Mann antwortete ihm: »Rabbi, das alles habe ich seit meiner Jugend beobachtet.«
Da schaute ihn Jesus an, küßte ihn und sagte zu ihm: »Eines fehlt dir noch: Geh, verkauf, was du hast, und gib den Erlös den Armen. Und du wirst einen Schatz bei Gott haben.«
Bei diesen Worten wurde der junge Mann traurig und ging betrübt weg. Er war nämlich sehr begütert.
Da schaute Jesus um sich und sagte zu seinen Schülern: »Kinder, wie schwer ist es in das Gottesreich hineinzukommen. Leichter kommt ein Kamel durch das Nadelöhr als ein Reicher in das Gottesreich.«

Mt 7,13–14
Lk 13,23–24
Quelle: Q

2. Als jemand Jesus fragte, ob nur wenige gerettet würden, sagte Jesus:
»Ringt darum, hineinzukommen durch das

enge Tor! Ja, eng ist das Tor in das Leben. Viele werden versuchen, anders hineinzukommen. Aber ich sage euch: Es wird ihnen nicht gelingen.«

68 Kein Zuhause

Als jemand an Jesus herantrat und zu ihm sagte: »Ich will dir folgen, wohin immer du gehst«, antwortete ihm Jesus: »Die Füchse haben ihre Höhlen, und die Vögel haben ihre Nester, ich aber habe keine Ruhestatt, kein Zuhause.« Mt 8,19–20
Lk 9,57–58
Th 86,1–2
Quellen: Q, Thomas

69 Abschied von Galiläa

Pharisäer kamen zu Jesus und warnten ihn: »Geh von hier weg. Denn Herodes will dich töten.« Jesus sagte zu ihnen: »Geht zu diesem Fuchs und sagt ihm: ›Noch treibe ich Tag für Tag Dämonen aus und heile Kranke, dann habe ich meinen Auftrag erfüllt und breche nach Jerusalem auf. Es geht nicht an, daß ein Prophet außerhalb von Jerusalem umkommt.‹« Lk 13,31–33
Quelle: Lukas

70 Habt keine Angst!

<small>Mt 10,24–25
Lk 6,40
Jh 13,12; 15,20
Quellen: Q, Johannes</small>

1. Jesus sagte zu seinen Schülern: »Der Schüler ist nicht über dem Lehrer. Dem Schüler genügt es, daß er wird wie sein Lehrer.

<small>Mk 13,3–27; 30–37
Mt 10,16–23
Lk 12,11–12
Quellen: Markus, Q</small>

2. Man wird euch (an Gerichte) ausliefern. Aber sorgt euch nicht im voraus, was ihr reden sollt, wenn man euch abführt und ausliefert. Was euch in jener Stunde eingegeben wird, das redet! Denn nicht ihr werdet reden, sondern der Geist Gottes.

<small>Mt 10,28–33
Lk 12,5–9
Quelle: Q</small>

3. Habt keine Angst! Kosten nicht zwei Spatzen nur eine Kupfermünze? Aber nicht einer von ihnen ist bei Gott vergessen. Und ihr seid doch mehr wert als viele Spatzen. Er kennt von euch sogar die Zahl der Haare auf dem Kopf. Habt also keine Angst!
Wer sich vor den Menschen zu mir bekennt, zu dem werde auch ich mich vor Gott bekennen. Wer mich aber vor den Menschen verleugnet, den werde auch ich vor Gott nicht kennen.«

III *Unterwegs nach Jerusalem*

71 Entschlossen unterwegs

1. Jesus war fest entschlossen, nach Jerusalem zu gehen.
2. Als sie dorthin pilgerten, ging Jesus immer voran. Die ihm folgten, aber hatten Angst und staunten (über seine Entschlossenheit).

Lk 9,51
Quelle: Lukas

Mk 10,32-34
Quelle: Markus

72 Aufruf zur Umkehr

(Vielleicht vor dem Hintergrund der Erzählungen von einem Unglück und einer Niedermetzelung galiläischer Aufständischer durch römische Soldaten) sagte Jesus zu den Leuten: »Meint ihr, diese Menschen, die da getötet wurden oder tödlich verunglückten, waren größere Sünder gewesen, als es alle anderen sind? Nein! Aber ich sage euch: Wenn ihr nicht umdenkt, werdet ihr alle umkommen!«

Lk 13,1-9
Quellen: Markus, Lukas

73 Nochmals der Sabbat

Jesus lehrte an einem Sabbat in einer Synagoge. Da war eine Frau, die seit achtzehn Jahren krank war. Sie war verkrümmt

Lk 13,10-17
Quelle: Lukas

und vermochte sich nicht voll aufzurichten. Als Jesus sie sah, rief er sie heran und heilte sie.

Der Synagogenvorsteher war darüber erzürnt und ergriff das Wort: »Sechs Tage gibt es, an denen man arbeiten darf. An denen kommt und laßt euch heilen, aber nicht am Sabbat!«

Jesus antwortete ihm: »Ihr Heuchler! Bindet nicht jeder von euch seinen Ochsen oder Esel auch am Sabbat von der Krippe los und treibt ihn zur Tränke? Und diese Frau, die eine Tochter Abrahams ist, die von ihrer Krankheit achtzehn Jahre gefangen gehalten wurde, sollte an einem Sabbat nicht von dieser Fessel losgebunden werden dürfen?«

74 Marta und Maria

Lk 10,38–42
Quelle: Lukas

Jesus zog mit seinen Schülern weiter und kam in ein Dorf. Dort nahm ihn eine Frau namens Marta in ihr Haus auf. Sie hatte eine Schwester, die Maria hieß. Maria setzte sich Jesus zu Füßen und hörte seinen Worten zu. Marta aber war mit der vielen Arbeit für die Gäste beschäftigt. Sie kam zu Jesus und sagte: »Herr, stört es dich nicht, daß meine Schwester die ganze Arbeit mir überläßt? Sag ihr doch, sie soll mir helfen.«

Jesus antwortete ihr: »Marta, Marta, du machst

dir Sorgen und Mühen um viele Dinge. Nur wenige Dinge sind notwendig.«

75 Beim reichen Zachäus

Jesus kam durch Jericho. Dort lebte ein Mann namens Zachäus. Er war ein reicher Oberzollpächter. Er stand auf dem Söller seines Hauses, als Jesus vorbeikam. Jesus schaute zu ihm hinauf und sagte zu ihm: »Zachäus, komm herunter. Ich möchte heute bei dir übernachten.«
Zachäus kam eilends herab und nahm Jesus freudig auf. Die Leute, die das sahen, waren schockiert und sagten: »Das Haus eines Sünders betritt er, um bei ihm zu wohnen!«
Jesus aber sagte: »Heute ist diesem Haus das Heil widerfahren, weil auch dieser Mann ein Sohn Abrahams ist!«

Lk 19,1-10
Quelle: Lukas

76 Heilung des blinden Bettlers Bartimäus

Als Jesus mit seinen Schülern und einer beträchtlichen Volksmenge von Jericho wegzog, saß ein Bettler, der Sohn des Timäus, Bartimäus, am Weg. Als dieser hörte, daß es Jesus, der Nazarener, sei, der des Weges kam, fing er an zu schreien: »Sohn Davids, Jesus, erbarme dich meiner!«
Viele herrschten ihn an, er solle schweigen.

Mk 10,46-52
Mt 20,29-34
Lk 18,35-43
Quelle: Markus

Er aber schrie nur noch viel lauter: »Sohn Davids, erbarm dich meiner!«
Da blieb Jesus stehen und sagte: »Ruft ihn her.« Sie riefen den Blinden her und sagten zu ihm:
»Hab Mut! Steh auf! Er ruft dich.« Der warf seinen Mantel ab, sprang auf und ging zu Jesus. Jesus fragte ihn: »Was willst du, daß ich dir tue?«
Der Blinde antwortete ihm: »Rabbi, gib, daß ich wieder sehen kann.«
Und Jesus sagte zu ihm: »Wohlan, dein Vertrauen hat dich geheilt.«
Und sogleich konnte er wieder sehen und folgte Jesus auf dem Weg.

77 Im Anblick Jerusalems

Lk 19,41–42
Quelle: Lukas

1. Als Jesus die Stadt Jerusalem vor sich erblickte, brach er in Tränen aus und sagte: »Wenn doch auch du an diesem Tag erkennen möchtest, was zum Frieden dient!

Mt 23,32–39
Lk 13,34–35
Quelle: Q

2. Jerusalem, Jerusalem! Du tötest die Propheten und steinigst, die Gott zu dir gesandt hat. Wie oft habe ich deine Kinder sammeln wollen, wie eine Vogelmutter ihre Küchlein unter den Flügeln sammelt! Und ihr habt nicht gewollt. Das Gericht wird noch über diese Generation kommen.«

IV *In Jerusalem*

78 Einzug in die Stadt

Jesus ritt auf einem Jungesel in die Stadt Jerusalem. Seine Begleiter breiteten ihre Kleider vor ihm aus und streuten Zweige auf den Weg, die sie von Bäumen abbrachen. Die Begleiter, die vor ihm hergingen und hinter ihm folgten, riefen: »Hosanna, gepriesen, der kommt im Namen des Herrn![70] Gepriesen das kommende Reich unseres Vaters David! Hosanna in den Höhen!«
Er ging in die Stadt und in den Tempel. Nachdem er alles ringsum angeschaut hatte – es war schon spät –, ging er mit den Zwölfen nach Betanien hinaus.
An den folgenden Tagen lehrte er tagsüber im Tempel, abends aber verließ er (wegen der ihm drohenden Gefahr) die Stadt und übernachtete in Betanien oder verweilte auf dem Ölberg.

Mk 11,1-11
Mt 21,1-11
Lk 19,28-38.47;
21,37
Quellen: Markus,
Zacharias 9,9,
Psalm 118,25-26

79 Konfrontation im Tempel

Als Jesus am Tag nach seinem Einzug in Jerusalem in den Tempel kam, fing er an, Verkäufer und Käufer im Vorhof des Tempels hinauszutreiben. Er stieß Tische von Geldwechslern und Stühle von Taubenverkäufern

Mk 11,15-21
Mt 21,12-17
Lk 19,45-46
Jh 2,13-17
Quellen: Markus,
Johannes

um und erklärte, es gehe nicht an, im Tempelgelände Handel zu treiben.

Er sagte: »Steht nicht geschrieben: ›Mein Haus soll ein Bethaus für alle Völker genannt werden?‹[71] Ihr aber habt daraus eine ›Räuberhöhle‹[72] gemacht.«

Die Hohenpriester und Schriftgelehrten hörten davon und sannen nach, wie sie ihn unschädlich machen könnten. Denn sie fürchteten ihn.

80 Die Frage nach der Vollmacht Jesu

Mk 11,27–33
Mt 21,23–27
Lk 20,1–8
Quelle: Markus

Jesus kam mit den Zwölfen wiederum nach Jerusalem hinein. Während er im Tempel herumging, kamen Hohenpriester, Schriftgelehrte und Ratsälteste zu ihm und fragten ihn: »In welcher Vollmacht tust du diese Dinge? Wer hat dir die Vollmacht dazu gegeben?«

Jesus antwortete ihnen: »Ich will euch eines fragen. Antwortet mir darauf, und ich werde euch sagen, in welcher Vollmacht ich das tue. Die Taufe des Johannes: War sie von Gott oder von Menschen? Antwortet mir!«

Sie überlegten und antworteten ihm: »Wir wissen es nicht.«

Darauf sagte Jesus zu ihnen: »Dann sage auch ich euch nicht, in welcher Vollmacht ich das tue.«

81 Die Steuerfrage

Das Synedrion sandte einige Pharisäer und Herodes-Anhänger zu Jesus, die ihn durch ein Wort fangen sollten.
Sie kamen zu ihm und sagten zu ihm: »Rabbi, wir wissen, daß du wahrhaftig bist und dich nicht nach der Meinung anderer richtest. Du schaust nicht auf das Ansehen der Menschen, sondern lehrst wahrheitsgetreu den Weg Gottes. Ist es erlaubt, dem Kaiser Steuern zu zahlen? Sollen wir sie zahlen oder nicht zahlen?«
Jesus durchschaute ihre Falschheit und sagte zu ihnen: »Reicht mir einen Denar[73], laßt sehen.« Sie reichten ihm einen, und er sagte zu ihnen: »Wessen ist dieses Bild und die Aufschrift?«
Sie antworteten ihm: »Des Kaisers.«
Darauf sagte Jesus zu ihnen: »Dann gebt dem Kaiser zurück, was des Kaisers ist, aber Gott, was Gottes ist.«

Mk 12,13-17
Mt 22,15-22
Lk 20,20-26
Th 100,1-4
EgerEv 3,1-6
Quellen: Markus, Thomas, Egerton-Evangelium

82 Die Frage nach dem ewigen Leben

Sadduzäer (die an kein Fortleben nach dem Tode glaubten) kamen zu Jesus und fragten ihn: »Rabbi, Mose hat uns vorgeschrieben: Wenn ein verheirateter Mann kinderlos stirbt, soll sein Bruder dessen Frau heiraten und ihm Nachkommen zeugen.[74] Nun

Mk 12,18-27
Mt 22,23-33
Lk 20,27-40
Quelle: Markus

waren da sieben Brüder. Der erste heiratete eine Frau und starb kinderlos. Dann heiratete der zweite die Frau und starb kinderlos, und ebenso der dritte und alle übrigen. Zuletzt starb auch die Frau. Welchem der sieben Brüder wird die Frau nach der Auferstehung gehören? Die sieben hatten sie ja zur Frau.«

Jesus sagte zu ihnen: »Irrt ihr euch nicht deshalb, weil ihr weder die Schriften noch die Allmacht Gottes kennt? Denn wenn Gott die Menschen aus dem Tod erweckt, dann werden sie so sein, wie seine Allmacht es bestimmt. Und daß Gott die Toten zum Leben erweckt, habt ihr darüber nicht im Buche Mose in der Geschichte vom Dornbusch gelesen, wie Gott zu Mose sprach: ›Ich bin der Gott Abrahams, der Gott Isaaks und der Gott Jakobs‹ (die längst vor der Zeit des Mose gestorben waren)?[75] Er ist kein Gott von Toten, sondern von Lebenden. Ihr irrt euch sehr.«

83 Die Frage nach dem größten Gebot im Gesetz

Mk 12,28–34
Mt 22,34–40
Lk 10,25–29
Vgl. Th 25,1–2
Quelle: Markus

Einer von den Schriftgelehrten prüfte Jesus mit der Frage: »Rabbi, welches ist das größte Gebot im Gesetz?«

Jesus antwortete ihm: »Liebe den Herrn, deinen Gott, mit deinem ganzen Herzen, mit

deiner ganzen Seele, mit deinem ganzen Denken. Das ist das größte Gebot. Ein zweites ist diesem gleich: Liebe deinen Nächsten; er ist (ein Mensch) wie du.
An diesen beiden Geboten hängen das ganze Gesetz und die Propheten.«

84 Die Messiasfrage

Niemand mehr wagte es, Jesus Fragen zu stellen. So nahm Jesus im Tempel selbst das Wort und stellte die Frage: »Mit welchem Recht sagen die Schriftgelehrten, daß der Messias Davids Sohn ist? David selbst hat doch, vom Himmel erleuchtet, gesagt: ›Jahwe sprach zu meinem Herrn: Nimm Platz zu meiner Rechten, bis ich deine Feinde dir zu Füßen lege!‹[76] David selber also nennt den Messias ›Herr‹! Was hat das damit zu tun, daß er sein Sohn ist?«
Das viele Volk hörte Jesus gerne zu.

Mk 12,34b-37
Mt 22,41-46
Lk 20,41-44
Quelle: Markus

85 Das Schicksal des Tempels

Als Jesus den Tempel verließ, sagte einer seiner Schüler zu ihm: »Rabbi, schau, was für Steine und was für Bauwerke!«
Jesus sagte zu ihm: »Du siehst diese mächtigen Bauten. Ich sehe vom (wahren) Tempel Gottes keinen Stein mehr auf dem andern!«

Mk 13,1-2
Mt 24,1-2
Lk 21,5-6
Quelle: Markus

86 Eine Ehebrecherin

Jh 8,2–11
Quelle: Johannes

Am Morgen fand sich Jesus wieder im Tempel ein. Und viele Leute kamen zu ihm. Er setzte sich und lehrte.

Da brachten Schriftgelehrte und Pharisäer eine Frau zu ihm, die beim Ehebruch ertappt worden war. Sie stellten sie in die Mitte und sagten zu ihm: »Rabbi, diese Frau wurde auf frischer Tat beim Ehebruch ertappt. Mose hat uns im Gesetz geboten, solche Frauen zu steinigen. Was sagst du dazu?«

Jesus bückte sich nieder und schrieb mit dem Finger auf die Erde. Als sie hartnäckig weiter fragten, richtete er sich auf und sagte zu ihnen: »Wer von euch ohne Sünde ist, werfe den ersten Stein auf sie.«

Dann bückte er sich wieder nieder und schrieb auf die Erde. Sie aber gingen weg, einer nach dem andern, zuerst die Ältesten. Und Jesus blieb allein zurück mit der Frau. Jesus richtete sich auf und fragte sie: »Frau, wo sind sie? Hat dich keiner verurteilt?«

Sie antwortete: »Keiner.«

Dann sagte Jesus zu ihr: »Auch ich verurteile dich nicht. Geh hin und sündige nicht mehr.«

87   Eine Frau salbt Jesus

Als Jesus in Betanien im Hause Simons des Aussätzigen war und zu Tische lag, trat eine Frau mit einem Alabastergefäß voll Salböl aus kostbarer Pistazienerde ein, brach das Gefäß auf und goß das Öl Jesus auf sein Haupt.
Da sagten einige schockiert zueinander: »Eine solche Verschwendung! Man hätte dieses Salböl für mehr als dreihundert Denare verkaufen und den Erlös den Armen geben können.« Und sie machten der Frau heftige Vorwürfe.
Da sagte Jesus zu ihnen: »Laßt sie! Warum verletzt ihr sie? Sie hat mir einen Liebesdienst erwiesen. Arme habt ihr ja allzeit bei euch. Und ihnen könnt ihr Gutes tun, wann ihr wollt. Mich aber habt ihr nicht allzeit. Sie hat getan, was sie konnte.«

Mk 14,3-9
Mt 26,6-13
Lk 7,36-50
Jh 12,1-8
Quellen: Markus, Lukas, Johannes

88   Vorbereitungen zur Verhaftung

1. Es war zwei Tage vor dem Paschafest und dem Fest der ungesäuerten Brote. Die Hohenpriester und Schriftgelehrten überlegten, wie sie Jesus mit List in ihre Hand bekommen und töten könnten, jedoch nicht am Festtag, damit es keinen Volksaufruhr gebe.

Mk 14,1-2
Mt 26,1-5
Lk 22,1-2
Quelle: Markus

Mk 14,10–11
Mt 26,14–16
Lk 22,3–6
Quelle: Markus

2. Da kam Judas, einer der Zwölf, zu den Hohenpriestern, um ihnen Jesus auszuliefern. Als diese das hörten, freuten sie sich und versprachen ihm Geld. Er wartete auf eine günstige Gelegenheit, Jesus auszuliefern.

89 Abschiedsmahl

Mk 14,12–16
Mt 26,17–19
Lk 22,7–13
Quelle: Markus

1. Am ersten Tag der ungesäuerten Brote, an dem man das Paschalamm schlachtete, fragten seine Schüler Jesus: »Wo willst du, daß wir das Paschalamm vorbereiten?«
Jesus schickte zwei seiner Schüler in die Stadt und sagte zu ihnen (offensichtlich aufgrund einer entsprechend getroffenen Verabredung): »Geht in die Stadt. Dort wird ein Mann, der (als Erkennungszeichen) einen irdenen Wasserkrug trägt, mit euch zusammentreffen. Geht mit ihm in das Haus, in das er hineingeht, und sagt dem Hausherrn:
›Der Rabbi läßt fragen: Wo ist die Unterkunft für mich, wo ich mit meinen Schülern das Paschalamm essen kann?‹ Er wird euch ein großes Obergemach mit Liegepolstern zeigen, das schon vorbereitet ist. Dort bereitet für uns das Paschamahl.«
Die Schüler gingen in die Stadt und fanden alles, wie Jesus ihnen gesagt hatte, und bereiteten das Paschamahl.

2. Als es Abend geworden war, kam Jesus mit den Zwölfen. Als sie zu Tische lagen und die Vorspeise aßen, sagte er, einer, der mit ihm esse, werde ihn ausliefern.

Mk 14,17–21
Mt 26,20–25
Lk 22,21–23
Quelle: Markus
Vgl. Jh 13,21–30

Da wurden sie traurig, und einer nach dem andern sagte zu ihm: »Aber doch nicht ich?« Jesus sagte zu ihnen: »Einer von euch, der mit mir aus der Schüssel ißt.«

3. Zu Beginn des Hauptmahles nahm Jesus Brot, sprach das Tischgebet, brach das Brot und reichte es ihnen mit den Worten: »Nehmt! (Das Brot, ein Zeichen für Leben und Heil,) das bin ich! Erinnert euch allezeit: Ich bin das Leben und das Heil.«

Mk 14,22
Mt 26,26
Lk 22,19
Quelle: Markus
Vgl. Jh 6,51–58

4. (Nach dem Hauptmahl, bei dem sie das Paschalamm aßen,) nahm Jesus einen Becher (mit Wein), sprach das Dankgebet, gab ihn ihnen, und sie tranken daraus. Er sagte zu ihnen: »Das ist der Bund, der mit meinem Blut besiegelt wird für alle! Wahrlich, ich sage euch: Ich werde nie mehr von der Frucht des Weinstocks trinken.«

Mk 14,23–26
Mt 26,27–30
Lk 22,20
Quelle: Markus

(Zum Abschluß der Paschafeier) sangen sie den (üblichen) Hymnus und gingen dann zum Ölberg hinaus.

V *Passion*

90 Im Landgut Getsemani

<small>Mk 14,22-42
Mt 26,26-30
Lk 22,39-46
Quelle: Markus
Vgl. Jh 6,51-58</small>

Jesus kam mit seinen Schülern zum Landgut Getsemani. Entsetzen und Angst erfaßten ihn. Und er sagte zu ihnen: »Ich bin erschüttert bis zum Tod. Bleibt hier und wacht mit mir!«
Er ging ein wenig weiter und stürzte zu Boden. Er betete: »Abba, allerliebster Vater, alles ist dir möglich. Laß diesen Kelch an mir vorübergehen. Aber nicht, was ich will, sondern was du willst, geschehe!«
Er kam zurück, fand sie schlafend und sagte zu Petrus: »Simon, du schläfst? Konntest du nicht eine Stunde wachen? Wacht und betet, daß ihr nicht in Versuchung kommt!«
Er ging wieder weg und betete. Und er kam wieder und fand sie wiederum schlafend. Sie wußten nicht, was sie ihm antworten sollten. Und er kam zum dritten Mal und sagte zu ihnen: »Ihr schlaft weiter und ruht euch aus? Jetzt ist es soweit. Steht auf, wir wollen gehen!«

91 Verhaftung

Sogleich kam Judas, einer der Zwölf, und mit ihm eine Schar von Leuten mit Schwertern und Knüppeln, auf Befehl der Hohenpriester, Schriftgelehrten und Ratsältesten. Der ihn auslieferte, hatte mit den Leuten ein Zeichen verabredet: »Der, den ich küssen werde, der ist es. Den nehmt fest und führt ihn vorsichtig ab.« Judas ging auf Jesus zu, sagte zu ihm »Rabbi« und umarmte und küßte ihn. Sie aber legten Hand an ihn und nahmen ihn fest. Irgendeiner (aus der Schar der Häscher) zog das Schwert, traf einen Diener des Hohenpriesters und schlug ihm das Ohr ab. Jesus sagte zu ihnen: »Wie gegen einen Räuber seid ihr ausgezogen, um mich zu verhaften. Täglich war ich im Tempel und lehrte. Und ihr habt mich nicht festgenommen.«
Alle ließen ihn im Stich. Nur ein junger Mann folgte ihm. Als sie ihn ergriffen, ließ er das Hemd, das er auf bloßem Leib trug, zurück und floh nackt. Sie führten Jesus zum (amtierenden) Hohenpriester.

Mk 14,43-53a
Mt 26,47-56
Lk 22,47-53
Jh 18,1-11
Quellen: Markus, Johannes

92 Vor dem jüdischen Synedrion

Alle Gruppen des Synedrions, Hohepriester, Ratsälteste und Schriftgelehrte, versammelten sich. Jesus wurde verhört. Zeugen sagten gegen ihn unter anderem aus, Jesus habe in

Mk 14,53b.55-65
Mt 26,57-68; 27,1-2
Lk 22,66-71
Quellen: Markus, Matthäus, Lukas

seinen Reden den Tempel angegriffen, und der Hohepriester fragte ihn, ob er der Messias und auserwählte Bote Gottes sei. Jesus aber schwieg.

Darauf befand das Synedrion Jesus für schuldig und faßte im Morgengrauen den Beschluß, Jesus vor der römischen Besatzungsmacht anzuklagen, ließ ihn fesseln und abführen und lieferte ihn an Pilatus aus.

93 Verleugnung des Petrus

Mk 14,54.66–72
Mt 26,69–75
Lk 22,54–62
Quelle: Markus

Petrus war von weitem bis in den Innenhof im Palast des Hohenpriesters hinein gefolgt. Er war mit den Dienern zusammen und wärmte sich am Feuer. Während Petrus unten im Hof war, kam eine der Mägde des Hohenpriesters. Und als sie den Petrus sich wärmen sah, schaute sie ihn an und sagte: »Du warst auch mit dem Nazarener zusammen.«

Er aber leugnete: »Ich verstehe nicht, was du meinst!« Und er ging in den Vorhof hinaus.

Die Magd sah ihn dort wieder und sagte zu den Umstehenden: »Der da ist auch einer von ihnen.« Nach einer Weile sagten diese Leute zu Petrus: »Richtig, du bist einer von ihnen: Du bist ja auch ein Galiläer.« Er aber fing an zu fluchen und zu schwören: »Ich kenne diesen Menschen nicht, von dem ihr redet.«

94 Vor dem römischen Präfekten

Pilatus verhörte Jesus. Und die Hohenpriester klagten ihn wegen politischer Rebellion an. Jesus aber antwortete nicht, so daß sich Pilatus wunderte.
Zum Fest ließ Pilatus einen Häftling frei, um dessen Begnadigung sie bitten konnten. So zog die Volksmenge (zur Residenz des Präfekten) hinauf und bat um die Freilassung eines Häftlings. Pilatus antwortete ihnen: »Wenn ihr wollt, lasse ich euch den ›König der Juden‹ frei.« Die Volksmenge jedoch, angestiftet von den Hohenpriestern, rief, er möge ihnen Barabbas freigeben.
Das war ein Mann, der zusammen mit den Aufständischen im Gefängnis lag, die beim (kürzlichen) Aufstand einen Mord begangen hatten.
Darauf gab ihnen Pilatus den Barabbas frei. Jesus aber ließ er auspeitschen und übergab ihn zur Kreuzigung.

Mt 27,11–26
Lk 23,1-7.13–25

95 Verspottung durch die Soldaten

Die Soldaten führten Jesus in das Innere des Prätoriums ab. Sie zogen ihm einen Purpurmantel an und setzten ihm einen Dornenkranz auf, den sie geflochten hatten. Sie begrüßten ihn mit »Heil dir, König der Juden!« und huldigten ihm, indem sie vor ihm die

Mk 15,16–20a
Mt 27,27–31a
Lk 22,63–65

Knie beugten. Nachdem sie ihn verspottet hatten, nahmen sie ihm den Purpurmantel ab und zogen ihm die eigenen Kleider an.

96 Kreuzigung

Mk 15,20b–32
Mt 27,31b–44
Lk 23,26–43
Vgl. Th 79,3

1. Sie führten Jesus (aus dem Prätorium und aus der Stadt) hinaus. Sie zwangen einen Vorübergehenden, der vom Felde kam, einen gewissen Simon, einen Kyrenäer, den Vater des Alexander und des Rufus, ihm den Kreuzbalken zu tragen. Sie brachten ihn zum Ort Golgota, das heißt Schädelstätte (oder Totenschädel), und wollten ihm einen Betäubungstrank, mit Myrrhe gewürzten Wein, geben, er aber nahm ihn nicht. Sie kreuzigten ihn. Es war neun Uhr vormittags, als sie ihn kreuzigten. Die Angabe seiner Schuld war angeschrieben: »Der König der Juden«. Mit ihm kreuzigten sie zwei Bandenkämpfer, einen zu seiner Rechten und einen zu seiner Linken. Dabeistehende verhöhnten ihn. Die Soldaten verteilten unter sich seine Kleider, indem sie das Los warfen, wer was nehmen sollte.

Quelle: Psalm 22,1

Jesus betete laut den Sterbepsalm »Eloi, Eloi, lema sabachtani« (Mein Gott, mein Gott, warum hast du mich verlassen?)

Mk 15, 40–41
Mt 27, 55–56
Lk 23, 49

2. Es schauten auch Frauen von weitem zu, unter ihnen Maria aus Magdala, Maria, die Frau des Jakobus des Kleinen, Maria, die

Mutter des Joses, und Salome, die ihm in Galiläa gefolgt waren und ihm gedient hatten, sowie andere Frauen, die mit ihm nach Jerusalem gezogen waren.

VI Die letzten Tage Jesu

97 Rettender Eingriff von Josef von Arimatäa und Nikodemus

Mk 15,36–37
Mt 27,46–50
Jh 19,29–30
Quellen: Markus, Matthäus, Johannes

1. Gegen drei Uhr nachmittags füllte einer (aus dem mit Jesus befreundeten Kreis von Josef von Arimatäa und von Nikodemus) einen Schwamm mit einem (Betäubungs-)Trank, steckte ihn auf eine Lanze und gab ihn Jesus zum Trinken.
Darauf stieß Jesus einen lauten Schrei aus, (wurde bewußtlos,) und sein Haupt fiel nach vorne auf seine Brust nieder. Alle Umstehenden glaubten, jetzt sei Jesus verschieden.

Jh 19,31–34a
Quelle: Johannes

2. Die Soldaten zerschlugen den beiden, die mit Jesus gekreuzigt worden waren, die Beine, damit sie nicht am Sabbat lebend an den Kreuzen hängen blieben. Als sie aber zu Jesus kamen, fanden sie, das er schon gestorben sei, sie zerschlugen seine Beine nicht; einer von den Soldaten stieß ihm eine Lanze in die Seite.

Mk 15,42–45
Mt 27,57–58
Lk 23,50–52a
Jh 19,38a
Quellen: Markus, Johannes

3. Da ging Josef von Arimatäa, ein angesehener Ratsherr, zu Pilatus und bat ihn um den Leichnam Jesu. Pilatus aber wunderte sich, daß Jesus schon gestorben sein sollte. Als er aber vom Hauptmann erfuhr, daß Jesus schon tot sei, schenkte er Josef den Leichnam.

4. Josef von Arimatäa und Nikodemus hatten bereits die Vorkehrungen getroffen für die nötige Behandlung Jesu in einer neuen Grabkammer, die in einem nahegelegenen Garten lag: die Besorgung von etwa 33 kg einer Mischung von Heilkräutern, Myrrhe und Aloe, von Leinenbinden und eines kostbaren Linnentuches.

Mk 15,46a
Jh 19,39
Quellen: Markus, Johannes

5. Sie nahmen nun Jesus vom Kreuze ab und brachten ihn in dieses Felsengrab. Dort hüllten sie Jesus in (eine Heilpackung von) Myrrhe und Aloe und schlugen das große Linnentuch darüber um seinen Körper.

Mk 15,46b
Mt 15,59-60
Lk 23,53-54
Jh 19,38b; 40-42
Quellen: Markus, Johannes

6. Maria von Magdala und Maria, die Mutter des Joses, sahen, wo Jesus hingelegt worden war; sie saßen an dem Grab gegenüber.

Mk 15,47
Mt 27,61
Quelle: Markus

98   Das leere Grab

1. Am ersten Wochentag, als eben die Sonne aufging, kamen Maria von Magdala, Maria, die Mutter des Jakobus, und Salome zum Grab, um Jesus zu salben. Sie fragten sich: »Wer wird uns den schweren Stein vom Eingang des Grabes wegwälzen?« Da sahen sie, daß er weggenommen war.

Mk 16,1-8
Mt 28,1-2
Lk 24,1-6a
Jh 20,1-2
Quellen: Markus, Johannes

Maria von Magdala lief zu Simon Petrus und Johannes und sagte zu ihnen: »Sie haben den Herrn aus dem Grab weggenommen, und wir wissen nicht, wohin sie ihn gelegt haben.«

Die beiden anderen Frauen aber gingen in das Grab hinein und fanden keinen Leichnam. Sie waren ratlos. Da erschraken sie; denn plötzlich traten zwei junge Männer in weißem Gewand zu ihnen und sagten: »Erschreckt nicht! Ihr sucht Jesus von Nazaret, der gekreuzigt worden ist. Er ist erwacht und lebt. Er ist nicht hier. Seht da die Stelle, wo sie ihn hingelegt hatten.«
Da gingen sie hinaus und flohen vom Grab weg. Angst und Entsetzen hatte sie gepackt, und sie sagten niemandem etwas.

Lk 24,12
Jh 20,3–10
Quellen: Lukas, Johannes

2. (Auf die Worte von Maria von Magdala hin) machten sich Petrus und Johannes auf und liefen zum Grab. Johannes war als erster dort, beugte sich hinein und sah die Binden daliegen, ging jedoch nicht hinein. Dann kam Petrus, ging in das Grab hinein, sah ebenfalls die Binden, aber auch ein Linnentuch, das zusammengefaltet an einer gesonderten Stelle lag. Sie kehrten ratlos nach Hause zurück.

99 Wiedersehen Jesu mit Maria von Magdala

Mk 16,9–11
Jh 20,11–18
Quellen: Markus, Johannes

Maria von Magdala blieb am Grab und weinte. Da fragten sie zwei Männer in weißem Gewand, warum sie weinte. Sie antwortete: »Weil sie Jesus weggenommen haben, und ich weiß nicht, wo sie ihn hingelegt haben.«

Da wandte sie sich um und sah Jesu vor sich stehen, erkannte ihn aber nicht; sie meinte, es sei der Gärtner. Er sagte zu ihr: »Frau, warum weinst du?« Sie antwortete ihm: »Wenn du ihn fortgetragen hast, sag mir, wohin du ihn gelegt hast. Dann werde ich ihn holen.« Jesus sagte zu ihr: »Maria!« Da erkannte sie ihn und sagte zu ihm. »Rabboni«, das heißt »mein Meister«. Und Jesus sagte zu ihr: »Berühre mich nicht! Ich bin noch nicht gestorben. Aber geh zu den Brüdern und sage ihnen, ich werde bald sterben.«
Maria ging zu den Schülern Jesu und berichtete ihnen, daß sie Jesus gesehen habe, und was er ihr gesagt habe. Sie aber glaubten ihr nicht.

100 Wiedersehen Jesu mit seinen Schülern

1. Eines Abends stand Jesus plötzlich vor seinen Schülern und begrüßte sie mit »Friede sei mit euch!«. Sie erschraken und wurden von Furcht ergriffen. Sie meinten, einen Geist zu sehen. Jesus sagte zu ihnen: »Seid nicht bestürzt, seht meine Hände und Füße. Ich bin es selber. Rührt mich an; ein Geist hat keinen Leib.« Er zeigte ihnen seine Hände und Füße. Sie aber konnten es vor Freude noch immer nicht glauben und staunten nur. Da sagte Jesus zu ihnen: »Habt ihr

Lk 24,36–43
Jh 20,19–23
Quellen: Lukas, Johannes

etwas zu essen?« Sie reichten ihm ein Stück gebratenen Fisch. Er nahm es und aß es vor ihren Augen.

Jh 20,24–29
Quelle: Johannes

2. Thomas, der Zwilling genannt wurde, war an diesem Tag nicht bei ihnen. Sie sagten zu ihm: »Wir haben den Herrn gesehen.« Er aber erwiderte: »Wenn ich nicht an seinen Händen die Wundmale der Nägel sehe und mit meinen Fingern berühre und meine Hand in seine Seite lege, werde ich das nie und nimmer glauben.«

Nach acht Tagen waren die Schüler wieder beisammen, und Thomas war auch mit ihnen. Da kam Jesus wieder, begrüßte sie mit: »Friede sei mit euch!« und sagte zu Thomas: »Leg deine Finger auf meine Hände und in meine Seite.« Und Thomas sagte zu ihm: »Mein Herr!«

Lk 24,13–35
Quelle: Lukas

3. Zwei Schüler Jesu waren unterwegs von Jerusalem nach Emmaus.[77] Sie sprachen miteinander über all das, was sich (in den letzten Tagen in Jerusalem) zugetragen hatte.

Da gesellte sich Jesus zu ihnen und ging mit ihnen; aber sie erkannten ihn nicht. Er hörte ihnen zu und fragte sie, von welchen Ereignissen sie sprächen. Da blieben sie traurig stehen. Der eine von ihnen, namens Kleopas, antwortete ihm: »Bist du denn der einzige in Jerusalem, der nicht weiß, was da in diesen Tagen geschehen ist?« Und er sagte zu ihnen: »Was denn?« Sie antworteten ihm: »Das mit Jesus von Nazaret, der ein Prophet war, mächtig in Wort und Tat, und wie er zum Tod verurteilt und gekreuzigt worden ist. Wir haben gehofft, daß er es ist, der Israel befreien wird.« Da sprach er lange mit ihnen, und ihre Herzen entbrannten in neuem Mut. Als sie sich dem Dorf näherten, tat Jesus, als wolle er weitergehen. Da drängten sie ihn: »Bleibe bei uns, es wird ja Abend, und der Tag hat sich schon geneigt.« Jesus ging mit ihnen in die Herberge, und sie aßen und tranken zusammen. Da erkannten sie ihn plötzlich, er aber verabschiedete sich von ihnen. Die beiden kehrten sofort nach Jerusalem zurück und erzählten den Schülern Jesu, was sie erlebt hatten.

101 Abschied und Tod Jesu

Jesus sagte zu seinen Schülern: »Gott hat mich zu seinem Bevollmächtigten gemacht. Geht und verkündet allen Völkern die Frohbotschaft vom Gottesreich und macht alle Menschen zu meinen Schülern. Ich werde bei euch sein alle Tage bis zur Vollendung der Welt.«
Nach diesen Worten segnete er sie; und während er sie noch segnete, starb er.
Zwei Männer in weißem Gewand, die mit dabei waren, trösteten sie.

Mk 16,19
Mt 28,16-20
Lk 24,50-52
Apg 1,6-11
Quellen: Markus, Matthäus, Lukas, Johannes, Apostelgeschichte

VII *Das Pfingstereignis*

Apg 2,1–41
Quelle: Apostelgeschichte

Alle Schüler Jesu waren in einem Haus beisammen. Da war ihnen, als komme plötzlich vom Himmel her ein Brausen wie von einem daherfahrenden Sturm und erfülle das ganze Haus, in dem sie waren. Sie sahen Zungen wie Feuer, die sich zerteilten und auf jeden von ihnen niederließen. Und alle wurden vom heiligen Geist erfüllt.
Daraufhin trat Petrus mit den anderen elf Schülern Jesu vor eine Menge Volkes, erhob seine Stimme und sagte zu ihnen:
»Alle ihr Bewohner von Jerusalem! Das sei euch kundgetan, vernehmt meine Worte. Das ganze Volk Israel soll die Wahrheit erkennen: Gott hat Jesus, eben diesen Jesus, den ihr gekreuzigt habt, zum Herrn und zu seinem Gesalbten gemacht!«
Und sehr viele Zuhörer wurden an jenem Tag Schüler Jesu.

Anmerkungen

1. Ziegler (1993), S. 18.
2. Ziegler (1993), S. 22.
3. Ziegler (1993), S. 22.
4. Tacitus, Annalen XV, 44.
5. Deschner (1990), S. 70 ff.
6. Deschner (1990), S. 72.
7. Gruber & Kersten (1994).
8. Porphyrios, *De vita Pythagorae*, § 25, Jamblichos, *De vita Pythagorica*, VIII § 36.
9. Ziegler (1993), S. 33.
10. Strauß (1924), I, S. 181.
11. Strauß (1924), I, S. 181.
12. Zit. nach: Der Spiegel Nr. 14, 1966.
13. Ziegler (1993), S. 30 f.
14. Robertson (1965), S. 116.
15. Tacitus, Annalen, XV, 44.
16. Josephus, *Jüdischer Krieg*, II, 13, 4.
17. Josephus, *Jüdischer Krieg*, II, 13, 5.
18. Josephus, *Jüdische Altertümer*, 20, 5, 1.
19. Jah ist ein Gottesname wie Jahwe.
20. Josephus, *Jüdischer Krieg*, VI.
21. Mack (1987), S. 322 f.
22. Pagels (1981), S. 70.
23. Detering (1992).
24. Deschner (1990), S. 99 ff.
25. Detering (1992).
26. vgl. auch Kol 2,8.10; Kol 2,15.
27. Kloppenborg (1987); Kloppenborg (1988).
28. Kloppenborg (1987), S. 37.
29. Kloppenborg (1987), S. 87. Vgl. auch Funk & Hoover (1992).
30. Das Beispiel bringt Aune (1991), S. 224. Er beruft sich auf Fontenrose (1966), S. 15–19.

31 Grimm (1917).
32 Nestle (1947), S. 89.
33 Overbeck (1919).
34 Hengel (1981), S. 57–60.
35 Riesner (1988); Riesner (1991).
36 Mack (1993).
37 Borg (1984), S. 234–37.
38 Crossan (1994).
39 Gruber & Kersten (1994).
40 Nietzsche, F. (Menschliches Allzumenschliches, II, 20).
41 Funk & Hoover (1993).
42 Funk & Hoover (1993), S. 24.
43 Schwarz & Schwarz (1993).
44 Jesu öffentliches Auftreten endete um das Jahr 30 mit der Kreuzigung. Gestorben ist er allerdings erst später (vgl. Kersten & Gruber, 1993, Gruber & Kersten, 1998).
45 Das Egerton-Evangelium ist ein unbekanntes Evangelium, das uns nur aus vier Fragmenten des Papyrus Egerton 2 und durch ein fünftes Fragment des Papyrus Köln 255 bekannt ist. Die fünf Bruchstücke stammen vom selben Papyrus-Codex, der auf das 2. Jh. datiert wurde und wahrscheinlich um 125 entstanden ist.
46 Mack (1993), S. 5.
47 Gerhardsson (1991).
48 Riesner (1988), S. 392–404.
49 Carlston (1980).
50 1 Sea = 13 Liter. Es wurde sowohl als Trockenmaß als auch für Flüssigkeiten benutzt.
51 Vgl. Gruber & Kersten (1994).
52 Ziegler (1993), S. 68.
53 Gruber & Kersten (1994), S. 292 ff.
54 Kersten & Gruber (1992), Gruber & Kersten (1994), Gruber & Kersten (1998).
55 Ziegler (1993).
56 Conzelmann & Lindemann (1988), S. 360.
57 Bovon (1989), S. 168. Es ist allerdings historisch nicht gesichert, ob Jesus überhaupt getauft wurde. Vgl. Gruber & Kersten (1994), S. 225 ff.
58 Pesch (1984), II, S. 327.
59 Unter Gleichnis versteht man einen Vergleich, der auf jedermann zutrifft, unter Parabel die vergleichende Erzählung eines Einzelfalles, der nicht auf jedermann zutrifft.

[60] Vgl. Anm. 50.
[61] Die Drachme war eine Münze griechischen Ursprungs und entsprach ca. 80 % eines Denars (vgl. Anm. 63).
[62] 1 (attisches) Talent = 6000 Denare (vgl. Anm. 63).
[63] Der Denar war eine römische Silbermünze (4,55 g) und entsprach dem Tageslohn eines Tagelöhners.
[64] 1 Bat = 36,4 Liter.
[65] 1 Kor = 525,4 Liter.
[66] Das Evangeliumfragment 1224 ist ein winziger Überrest von einem Papyruscodex eines unbekannten Evangeliums. Das Fragment wird auf den Beginn des 4. Jh. datiert. Das Evangelium selbst ist wahrscheinlich wesentlich älter.
[67] Deuteronomium 5,16.
[68] Exodus 21,17.
[69] »Korban« war eine jüdische Schwurformel, mit der ein Sohn das, was er seinen Eltern zum Unterhalt schuldete, als Opfergabe dem Tempel vermachen konnte. Er selbst aber blieb Zeit seines Lebens deren Nutznießer und entzog sich auf diese Weise der Versorgungspflicht gegenüber seinen Eltern.
[70] Psalm 118,26.
[71] Jesaja 56,7.
[72] Jesaja 7,11.
[73] Der Denar, um den es sich wahrscheinlich handelte, war eine Silbermünze mit dem Brustbild des Kaisers Tiberius (vgl. Anm. 63).
[74] Genesis 38,8. Deuteronomium 25,5–6.
[75] Exodus 3,6.
[76] Psalm 110,11.
[77] Vermutlich Ammaus, heute Kulonje, 6,5 km westlich von Jerusalem.

Literatur

Aland, B. und K.: *Novum Testamentum Graece* (»Nestle«, Stuttgart, 26. Aufl., 1979).
Aune, D. E.: *Oral Tradition and the Aphorisms of Jesus.* In: Wansbrough, H. (Hrsg.), *Jesus and the Oral Gospel Tradition.* Sheffield, 1991, S. 211–265.
Borg, M. J.: *Conflict, Holiness and Politics in the Teachings of Jesus.* New York, 1984.
Bovon, F.: *Das Evangelium nach Lukas* (1,1–9,50). Evangelisch-katholischer Kommentar zum Neuen Testament. Zürich, 1989.
Conzelmann, H. und Lindemann, A.: *Arbeitsbuch zum Neuen Testament.* Tübingen, 1988 (9. Aufl.).
Crossan, J. D.: *Jesus: A Revolutionary Biography.* San Francisco, 1994.
Deschner, Karlheinz: *Kriminalgeschichte des Christentums.* Bd. III, *Die alte Kirche.* Reinbek, 1990.
Detering, H.: *Paulusbriefe ohne Paulus? Die Paulusbriefe in der holländischen Radikalkritik.* 1992.
Fontenrose, J.: *The Ritual Theory of Myth.* Berkeley, 1966.
Funk, Robert W. und Hoover, Roy W.: *Five Gospels, one Jesus. What did Jesus really say?* Sonoma, 1992.
Funk, Robert W. und Hoover, Roy W.: *The Five Gospels. The Search for the Authentic Word of Jesus.* New York, 1993.
Gerhardsson, B.: *Illuminating the Kingdom: Narrative Meshalim in the Synoptic Gospels.* In: Wansbrough, H. (Hrsg.), *Jesus and the Oral Gospel Tradition.* Sheffield, 1991, S. 266–309.
Grimm, E.: *Die Ethik Jesu.* Leipzig, 1917.
Gruber, Elmar R. und Kersten, Holger: *Der Ur-Jesus. Die buddhistischen Quellen des Christentums.* Langen Müller, München, 1994.
–: *Jesus starb nicht am Kreuz. Die Botschaft des Turiner Grabtuchs.* Langen Müller, München, 1998.
Hengel, M.: *The Charismatic Leader and His Followers.* New York, 1981.
Kersten, Holger und Gruber, Elmar R.: *Das Jesus-Komplott. Die Wahrheit über die Auferstehung.* Langen Müller, München, 1992.

Kloppenborg, J.: *The Formation of Q: Trajectories in Ancient Wisdom Collections.* Philadelphia, 1987.
–: *Q Parallels: Synopsis, Critical Notes, and Concordance.* Sonoma, 1988.
Mack, B. L.: *The Myth of Innocence.* Philadelphia, 1987.
–: *The Lost Gospel. The Book of Q and Christian Origins.* Shaftesbury, 1993.
Nestle, W.: *Krisis des Christentums.* Stuttgart, 1947.
Overbeck, F.: *Christentum und Kultur.* Basel, 1919.
Pagels, E.: *Versuchung durch Erkenntnis – Die gnostischen Evangelien.* Frankfurt, 1981.
Pesch, R.: *Das Markusevangelium. Herders theologischer Kommentar zum Neuen Testament.* 2 Bde., Freiburg, 1984.
Riesner, R.: *Jesus als Lehrer. Eine Untersuchung zum Ursprung der Evangelien-Überlieferung.* Tübingen, 1988 (3. Aufl.).
–: *Jesus as Preacher and Teacher.* In: Wansbrough, H. (Hrsg.), *Jesus and the Oral Gospel Tradition.* Sheffield, 1991, S. 185–210.
Robertson, A.: *Die Ursprünge des Christentums.* Stuttgart, 1965.
Schwarz, G.: *Die Bergpredigt – eine Fälschung?* München, 1991.
Schwarz, G. und J.: *Das Jesus-Evangelium.* München, 1993.
Strauß, David Friedrich: *Das Leben Jesu.* 1. Teil. Leipzig, 1924 (32. Aufl.).
Ziegler, Herbert: *Wehe euch, ihr Heuchler!* Düsseldorf, 1993.

416 Seiten mit 65 Fotos und 10 Zeichnungen
ISBN 3-7844-2688-3

Elmar R. Gruber
Holger Kersten

Jesus starb nicht am Kreuz

Das authentische Vermächtnis Jesu

Mit kriminalistischem Geschick decken die Autoren ein Komplott auf: Das berühmte Turiner Grabtuch sollte als Fälschung dargestellt werden, weil es das wissenschaftlich fundierte Beweismittel für Jesu Überleben der Kreuzigung geworden ist. In diesem Buch schildern sie die Ergebnisse ihrer Recherchen: Die faszinierende Entwicklung von der Kreuzigung bis zu den neuesten aufsehenerregenden Untersuchungen des Grabtuchs.

Langen Müller